丛书编委会

总　策　划：来新国　王文成

编委会主任：郭齐勇　周晓亮

编　　　委：来新国　陈知涯　张　彧　尹格韬　沈　众

王文成　孟淑贤　周长志　罗养毅　秦　丹

乌　琛

大家精要

翁同龢

谢俊美 著

陕西师范大学出版总社

Weng Tonghe

图书代号 SK16N1064

图书在版编目（CIP）数据

翁同龢/谢俊美著. —西安：陕西师范大学出版总社
有限公司，2017.1（2024.1重印）
（大家精要）
ISBN 978-7-5613-7653-9

Ⅰ.①翁… Ⅱ.①谢… Ⅲ.①翁同龢（1830—
1904）—传记 Ⅳ.①K827=52

中国版本图书馆CIP数据核字（2016）第320831号

翁同龢 WENG TONGHE

谢俊美　著

责任编辑	陈柳冬雪
责任校对	陈君明
特约编辑	石慧敏
封面设计	张潇伊
出版发行	陕西师范大学出版总社
	（西安市长安南路199号　邮编 710062）
网　　址	http://www.snupg.com
印　　制	永清县晔盛亚胶印有限公司
开　　本	650 mm×930 mm　1/16
印　　张	10
字　　数	100千
版　　次	2017年1月第1版
印　　次	2024年1月第2次印刷
书　　号	ISBN 978-7-5613-7653-9
定　　价	45.00元

读者购书、书店添货或发现印刷装订问题，请与本公司销售部联系、调换。

电话：（029）85303879　　传真：（029）85307864　85303629

目　录

第 1 章

耕读世家

常熟地处长江下游三角洲平原上，东连东海，北枕长江，南临太仓，西邻苏州、昆山，境内河湖纵横，交通发达。常熟古称海虞，春秋时属吴，晋太康初年置海虞县，南朝梁朝初年分置常熟县，常熟由此而得名。这是一座距今有一千多年悠久历史的文化名城。明代诗人沈玄在一首诗中这样描写道："吴下琴川古有名，放舟落日偶经行；七溪流水皆通海，十里青山半入城。"这里的"十里青山"就是名闻海内外的虞山，从虞山石梅南涧尾溪而下的泉水在城内汇成七条小溪，状似古七弦琴，因此，又以"琴川""琴水"代指常熟。虞山又称乌目山，由西而东，逶迤延伸入城，山上多名寺古墓，著名的有商代的仲雍墓、春秋时的言子墓、元代的黄公望墓、明末清初的钱谦益墓和柳如是墓等。虞山还是虞山画派的诞生地，著名画家有王翚、王原祁、吴历、杨晋等，都是清代画坛一代名师。在虞山，还安葬着一个名人，那就是中国近代史上著名的关键人物之一、身膺同治和光绪两朝帝师的翁同龢。

家风清白守仪型

据《海虞翁氏族谱》一书记载，翁氏祖先，出于姬姓，周昭王封庶子于翁山，因以命氏。西晋末年，因石勒之乱，翁氏北渡南来，居于浙西钱塘、仁和（今杭州）、海盐、余姚一带（今杭嘉湖地区）。北宋元丰年间，浙西翁氏一支迁居江苏平江（今苏州地区）。明初，江苏长洲县（今属苏州）相城里的翁寿一的幼子翁景阳入赘常熟西南乡四十九都庙桥的璇洲里村，他就是常熟翁氏始祖。

翁同龢的祖上属常熟翁氏乐志堂一支。翁同龢的祖父翁咸封，字子晋，号紫书，晚号潜虚。自幼家贫，犹节衣缩食，刻苦读书。他将自己书房名之为"困学斋"，自谓困学斋主人。在《困学斋记》一文中他写道："困学者取孔子所称困而学之之义。以困学之人气禀有厚薄、清浊之异，清而厚者，明足以察己，建足以致决，不二过者是也；薄而浊也，愚而进于明，柔而进于强，困而学之者是也。"以顽强的意志奋发自励和修炼自己者，没有不能上进的。乾隆年间，翁咸封考中举人。嘉庆三年（1798）选授海州（今江苏连云港市）学正。自入清以来，由于黄河多次决口，淮河泛滥，以致黄水与淮水一时并集于下，而海州首当其冲，成为受害最重的地区，废黄河故道正好从其境内穿过，流入黄海。翁咸封任海州学正十三年。在任创建书院，编纂州志，先后八次奉檄救灾和赈灾。经手赈款数万而一文不染。学正薪俸微薄，一家老小终年过着"豆麦杂麸皮""馇粥拌野菜"的生活。艰苦的生活条件和长年的奔波劳碌严重损坏了翁咸封的健康，嘉庆十五年其病死学正任所。去世之日，海州士者"皆失声痛哭"，绅民们念及他在海州十多年的业绩，呈文知州，要将其入祀海州名宦祠。道光十三年（1833），终经江苏学政廖鸿荃、江苏巡抚林则徐坚请，又经两江总督陶澍据实呈奏，礼部奉旨依议。翁咸封官虽"卑"，但"绩显"。他实心实政、勤政爱民，清介自持、廉洁奉公，不"乘权藉势"的优良品质，无疑为翁家子孙日后做官为人树立了一个好的榜样。

翁同龢的父亲翁心存，字二铭，号邃盫。其字"二铭"，系取自孔子"困而学之"和孔子弟子颜回"困学不二过之意"。幼年随父在海州学正任所，在父亲的指导下读书。父亲去世后，他与母亲承担起养家糊口的任务。母亲在家，翁心存则外出处馆，收入十分微薄。有一年旧历年三十，家中仍无米为炊，他不得不将一件旧棉袄送到当铺换了几升米度岁。嘉庆二十一年，翁心存考中举人，但举人只是功名，在当时还不能授职。只有考中进士，才能做官。因此，他一边温书，准备参加会试；一边为了家计，继续外出为人处馆。

道光二年（1822），翁心存第三次参加会试，考中进士，供职翰林院。从此开启了他新的人生之路。三年后庶常馆散馆考试，翁心存以一等第一名，正式授为翰林院编修。此后他四次奉旨赴福建、顺天、四川、浙江主持乡试，先后担任广东、江西、奉天学政。这不仅使翁心存的门生遍布朝内外，而且也使翁氏的家境"今非昔比"。后来，翁心存用这些俸银在常熟购买了一座明代宅院，这就是至今仍保存完好的"綵衣堂"。难能可贵的是，翁心存贵而不忘当年艰窭岁月，仍以父亲为榜样，廉洁自守、力疾从公，无论是在主持乡试，还是担任学政时，从不另外予取予受，对于他人的馈赠一概拒绝接受。故有"廉正传四海"之誉。

道光九年（1829），翁心存奉旨入值上书房，授读惠郡王绵愉。十六年，又一次奉旨入值上书房，这次授读的是六阿哥，即后来被道光帝册封为恭亲王的奕訢。入值期间，他还为大阿哥奕詝（后来的咸丰帝）讲授过唐诗。翁心存的这些经历对他本人的仕途及其子孙的政治前途均具有不小的影响。咸丰改元后，翁心存继续得到咸丰帝的重用，前后担任工部、户部尚书，擢为体仁阁大学士。虽然官位日显，依然保持简朴作风，如一介儒生。任事勤恳，议事刚正不阿，不附权贵。同治元年（1862），同治帝改在弘德殿读书后，翁心存又被命在弘德殿行走，授读同治帝。但入值仅一年，就因病去世了。翁心存去世后，恭亲王、惠郡王等亲自登门祭奠，廷旨赏银办理丧仪，加恩晋赠太保，入祀贤良祠，赐谥文端。朝廷还对其孙辈大加封赠。其孙翁曾源着赏给进士，准其一体会试；候选同知翁曾纯着以同知即选；监生翁曾荣着赏给举人，准其一体会试；刑部学习郎中翁曾桂着为候补郎中；举人翁曾翰着赏给内阁中书。继父述志，后来翁同龢走的也是父亲翁心存这条路。六年之后，太平天国起义失败。同治七年，翁心存灵柩由翁同龢扶持运回常熟，安葬在虞山鹁鸪峰。

翁同龢的母亲许氏，出生在一个官僚家庭，自幼通诗、易、五经大义，尤好阅读历史书籍。嫁入翁家后，由于翁心存在外处馆，全部家务和子女教育由她一人承担，当时家中只有薄田数亩，岁入不足一家人开销。许氏除了靠刺绣、制絮帽换钱籴米外，还常常利用晚间为当地藏书家抄书影写，借以贴补家用。

翁同龢共有兄姐五人：长兄同书，字祖庚，号药方，又号彝斋，生于嘉庆十五年（1810）。道光二十年（1840）进士。历任翰林院编修、武英殿协修、国史馆纂修，参加《大清一统志》的编纂。咸丰三年（1853）奉旨前往扬州江北大营任行营翼长，参加镇压太平天国起义。虽在军营，读书不辍，丹黄仍不离手。翁同龢后来喜爱摩挲碑帖，收藏字画，都是直接受他的影响。

次兄同爵出生之前，翁母还生过一子，取名音保，可惜只活了四岁，就因出疹去世了。但因翁心存特别怜爱此子，所以，后来将翁同爵之子翁曾荣承嗣音保。翁同爵，号玉甫，生于嘉庆十九年（1814）。翁同爵并非科举出身。咸丰元年（1851），他"承荫"被授为正二品签分兵部，撰有《皇朝兵志考》。后官至湖北巡抚，署理湖广总督。

翁同龢还有两个姐姐。大姐名寿珠，字绎龄，生于道光元年（1821），从小聪明喜读书，七八岁诵唐代诗人元白诗如流水，各种诗、书读一两遍即能成诵。十岁后协助母亲料理家务，为当地藏书家抄书影写，辅导弟弟翁同龢与妹妹旋华读书。二十二岁嫁给当地诸生俞大文。道光二十三年因难产而卒。

二姐旋华，又名端恩，字纫卿，生于道光六年。父亲历官各地，她自幼随父在任所，饱览各地名胜古迹。四岁识字，五岁读书，特别聪明，尤其喜欢写诗。后来她的诗作被汇编成《簪花阁集》（又名《簪花阁诗钞》），于光绪十二年（1886）刊刻存世。全集共收录旋华诗作一百一十首。她的诗格调高，内容多反映当时社会。叶恭绰在编选《全清诗钞》时，将她列为清代女诗人，选录了她的部分诗作。道光三十年（1850）旋华二十四岁嫁给翰林院编修、浙江归安钱振伦。

翁同龢就是在常熟这样一个封建文化气氛十分浓厚的环境下长大，他的家庭给他日后的成长打上了深深的印痕。

少壮才名第一流

翁同龢是兄弟中最小的一个。字声甫，号叔平，又号均斋、瓶生、瓶居士，晚号松禅、松禅老人。道光十年四月二十七日（1830 年 5 月 19 日）出生在北京城内石驸马街罗圈胡同寓所。"龢"字是"和"的古字，取自《国语》上"声应相系曰龢"，这里多少包含了父母希望他日后能成为一个温文尔雅的文人的意思。当时他的父亲翁心存正入值上书房，授读惠郡王。他出生时，母亲已经四十一岁，无乳，他辄夜啼哭不止，全靠两个姐姐精心护理，用米汤喂养，才未夭折。由于这个缘故，父母兄姐对他特别怜爱。待长，牙牙学语，终日跟随两个姐姐，踉跳嬉戏，十分可爱。因此，姐弟情谊分外深厚。他的启蒙教育，基本上是在母亲和大姐的指导下开始的。他先后阅读了《三字经》《神童诗》《千家诗》，背诵了数十首唐诗宋词和近人吴梅村的诗。道光十五年（1835）父亲外任江西学政。翁同龢随祖母张太夫人和母亲回到故乡常熟。

翁同龢回常熟后，一家人先是租赁言氏屋居住，第二年搬进由父亲用历年积存的俸银购置的绠衣堂居住。这是一所明代建筑。共有三进，画梁雕栋，十分宏大。正门迎面的照墙上刻着"恩自日边来"五个苍劲挺拔的颜体大字。堂正中大院中有一个带池的花坛，池中游鱼可数，坛内长着各色花草，簇以玲珑的太湖石。堂的两侧各有一轩：一名柏古轩，顾名思义，缘自院内长着一棵数百年的古柏；一名双桂轩，缘自院内长着两株百年桂树。每当农历八月，桂花盛开，散发的幽香沁及四周大街小巷。两轩各为二层，楼上为翁家的藏书室，分别为"知止斋"和"宝瓠斋"。翁同龢就住在柏古轩底层的一间厢房内。

翁心存认为富贵不足保，唯诗书忠厚之泽可以传家；子孙宜及时进学，不可荒废时日。于是母亲为翁同龢择师进学。他先在城内言子井旁的"朱氏学馆"读书，继又转入城内书院弄附近的"李氏学馆"。他在这里读了《大学》《中庸》《论语》《周易》《毛诗》，并开始阅读《诗经》《礼记》《春秋》等。在塾学的头几年里，每晚跟着大姐读至深夜，由大姐辅导，将明日新课内容温习一遍，待到第二天进塾学，他早已成诵。道光十九年（1839），翁同龢以优异的成绩考入常熟县学游文书院。也就在这一年夏天，父亲辞官回家，孝养祖母。不久受聘为游文书院掌院，翁同龢此后便在父亲指导下读书。

游文书院创建于雍正三年（1725），盖取《汉书》上所谓"游文于六经之中"的意思，位于虞山北麓的石梅，坐北朝南，依山而建，环境非常幽美。当时游文书院的学师几乎都是当地和邻县的知名学者，除翁心存之外，还有吴宪澂、许建诰、钱泳、邵渊跃、赵烈文等人。(赵烈文所写日记《能静居士日记》与翁同龢的《翁文恭公日记》及李慈铭的《越缦堂日记》，同为清代三大日记，对研究晚清中国社会变迁，尤其是太平天国时期社会变迁，具有重要价值。)

这些师长的学识、书法，乃至治学方法，对少年翁同龢无疑具有一定影响。游文书院的学生大多来自常熟、昭文两县，有四五十人，他们都是经过考试录取的"文行兼优、立品勤学"之士，不少人后来成为翁同龢的朋友，少数人成了翁同龢的门生和门人。他们当中有曾阆谷，杨泗孙、杨沂孙兄弟，吴鸿纶，赵宗建、赵宗德兄弟，潘欲仁，俞大文，吴俦来等。每当课余之暇，翁同龢常与友朋结伴，聚集在言子墓台或昭明读书台切磋学问，探讨圣贤书中的道理。翁同龢好谈典章制度，尤好谈《周礼》，认为周公、孔子之道"必可行之于今日"，"士大夫立志当以周公、孔子为法"。他的这些议论，常常被同学、朋友"目为迂而笑之"。但翁同龢性好强，辄不服气，常为此与别人争得面红耳赤。同学中，只有潘欲仁、俞大文与他志趣相投，颇能附会其说。翁同龢的周公、孔子之道"必可行之于今日"的主张，当时能否实行，姑且勿论，但他能小小年纪就关心国家政治、社稷民生，把书本上学到的道理加以灵活运用，这种寻求经史以致国用的读书方法是值得肯定的。

在游文书院读书期间，翁同龢还同常熟当地的书家交往，除钱泳之外，他还与王宪中、屈小农、屈家珍父子，刘云樵、刘雨寰兄弟等人结为书友，研摩碑帖，讲求"永"字八法，如何运腕藏锋，讨论当代书家诸如当涂包世臣、道州何绍基等人的书法艺术。翁同龢后来书名大噪，与他们的帮助指点是分不开的。

翁同龢的读书兴趣非常广泛，书读得也很刻苦。他除了完成书院规定的课程外，更多的是在绛衣堂"知止斋""宝瓮斋""晋阳书屋"内读书。晋阳代指翁心存的好友祁寯藻。祁寯藻，号春圃，山西寿阳人，进士，官至大学士。一次，祁寯藻同翁心存讲了一个故事，说他小时候有一年在书院读书岁考得了第一名，回家后得意忘形，祁母见后，对之进行严厉训斥，指出他目光如此短浅，日后何能长进。祁寯藻经母亲这顿训斥，以后变得更加刻苦，最终考中进士，成为有清一代名臣。翁心存以此事训勉翁同龢兄弟立志向学，并将绛衣堂中的一间厢房起名"晋阳书屋"。置身"晋阳书屋",思祁寯藻前辈当年苦读之情景,翁同龢读书更加勤奋。他还以历史上著名学者欧阳修的"强学博览,足以通古今"的教诲为座右铭,以朱熹的"读书之法熟读而精思、循序而渐进"为训,每作一文,每构一艺,常常夜不成寐。又牢记魏人董过"为学当以三余(冬者岁之余,夜者日之余,阴雨者晴之余)"的话,终日埋首书中。每逢农历清明、端午、中秋、冬至等日,书院照例放假,不少人家子弟往往到城郊踏青赛会,竞渡游戏,或探梅望雪,可他除了随父兄祭扫祖坟外,从不出书房一步。夏天,溽暑蒸人,挥汗如雨,他仍手不释卷;为免蚊虫叮咬,特意在案几下置一大空瓮,将双脚置其中,燃烛读书不止。严冬苦寒,则手持铜火炉,吟诵不辍。乡居十多年里,博览群经,遍及百家。据他后来回忆,先后阅读和泛览了先秦诸子、司马迁的《史记》、班固的《前汉书》、范晔的《后汉书》、陈寿的《三国志》、司马光的《资治通鉴》、袁鉴的《通鉴纪事本末》、薛文清的《读书录》、朱熹的《小学》《近思录》,及唐宋八大家的著作和明清两代名人笔记等,总数不下上百种。

父兄的熏陶,自己的刻苦自励,加上颖悟的禀赋,翁同龢进步很快,其所作诗文在乡里渐渐有名。他说:"少壮才名第一流。"十三岁那年"元夕张宴,作夺昆仑关试帖,有第一回圆月,奇切第一人之句,颇为朋辈所传"。道光二十年(1840)四月,知县来院考课,他的制艺名列全院第二;五月,苏州知府按临常、昭两县,他的试卷又列前茅。

道光二十年，英国发动第一次鸦片战争。次年六月，英军入侵长江，扰吴淞，犯福山。沿江民情震恐。翁同龢随父亲避居苏州灵岩山蒋氏墓庐，后又迁至苏州阊门吉庆衖（巷）汪鉴斋家。汪氏是翁心存的门生，为人热心，亲自陪同年幼的翁同龢游览了宋代大政治家、改革家范仲淹的旧居"端园"和祠庙白云观，给他讲述了范仲淹当年抵抗西夏入侵的故事以及庆历年间厉行政治改革的事迹。从此范仲淹的"先天下之忧而忧，后天下之乐而乐"的不朽名句在他幼小的心灵里留下了极为深刻的印象。道光二十二年五月，英军再次入侵长江，直扑金陵（今南京市）。翁同龢又一次随父母避居常熟西南乡钓渚渡卫家浜。避难期间，父子犹读书不止。他阅读了明末爱国将领瞿式耜《瞿忠宣桂林诗文集》，父亲给他讲授顾炎武《日知录》批本，陪他瞻拜了顾祠，介绍了顾炎武明末在昆山组织抗清的事迹。顾炎武的"天下兴亡，匹夫有责"的警句时时浮现在他的脑际，翁同龢爱国思想得到了进一步萌发。

道光二十五年（1845），翁同龢应府试，考中博士弟子生，拔入苏州紫阳书院。紫阳是宋代大学者朱熹的号。紫阳书院是当时全国著名书院，与杭州的诂经精舍、江阴南菁书院齐名。紫阳书院的生员几乎汇聚了吴中的青年才俊。洪钧、吴大澂、陆润庠、任道镕、陆宝忠、徐郙等一批著名人物早年均曾在该书院就读过。翁同龢同他们中不少人都同朝为官，并结下了深厚的友谊。至于书院的掌院、学师几乎都是当时江南乃至海内知名学者。自创办以来，先后担任该院掌院的不下四十多人。

其中最为著名的有陈祖范、钱大昕、吴省兰、吴鼐、翁心存等。在翁同龢入院学习期间，俞正燮、李兆洛、冯桂芬、刘熙载、俞樾等均曾来院讲过学，俞樾后来一度还担任该院掌院。这些大师治学的一个共同特点就是主张通经致用而不主汉学考据，以通经致用、修身养性为指归。学师冯桂芬专治《周礼》《管子》，致力于中国古代官制的研究，对翁同龢的思想影响不小。冯氏后来著有《校邠庐抗议》一书，书中提出许多改革主张，翁同龢尤为欣赏。可以说，翁同龢日后从政中的许多经世举措，乃至维新变法的思想主张，从根本上可以追溯到当年冯桂芬政治思想对他的影响。

在名师的指点下，翁同龢进步很快，道光二十七年，他因品学兼优，受到府、院的褒奖。年终，江苏学政按临书院，翁同龢赋卷列一等第一名，正场试作列二等第十三名。次年参加拔贡考试，试卷置第一，科试正案亦置第一，从此结束了他在紫阳书院的学习生活。

第 2 章

状元及第

道光二十九年，翁同龢随父母回到北京，先以七品小京官供职刑部江西司。咸丰六年（1856），会试一甲第一名，状元及第，从此步入政坛。

青天碧海感离合

道光二十九年（1849）二月，翁心存奉诏回京供职。翁同龢辞别少年时代的朋友，离开山清水秀的故乡，随同父母第二次来到北京，直到光绪二十四年（1898）开缺回籍，他在北京生活了半个世纪，度过了一生中的大部分时光。

中国有句俗语，"男大当婚，女大当嫁"。翁同龢回京的这一年，已是二十岁，早已超过传统规定的十六岁结婚年龄。因此，回到北京不久，父母就为他办完了婚事。

翁同龢的夫人姓汤，名松，字孟淑，生于道光九年

（1829），比翁同龢年长一岁，浙江萧山人。祖父汤金钊，字敦甫，号勗滋，进士，官至吏部尚书协办大学士，死后谥"文端"。父亲汤修，字敏斋，进士出身，内阁中书，官至太常寺少卿。汤孟淑三岁时，母亲就去世了。此后一直与祖父母生活在一起。她能书善画，尤爱读唐人元白诗，深得祖父母的怜爱。因祖父母安排，嫁给了翁同龢。

翁汤联姻中间还有一些趣闻。翁汤两家早在嘉庆年间就已有了往来。嘉庆二十一年（1816），翁心存应金陵乡试，这次乡试的主考官就是汤金钊。翁心存的试卷因誊录官抄错被摒落，后被汤金钊在搜集落卷时发现，遂拔为第三名。翁心存对此感激不尽。道光二年（1822），翁心存应会试，汤金钊又是这次会试的副考官。翁心存的试卷，会试、复试、朝考均名列前茅，由是两人更臻亲密。汤金钊是林则徐的门生，为官清正，颇有政声，一生研求经世之学，在严重的民族危机面前，敢于直言。在鸦片战争中，主张严禁鸦片，抵抗外国侵略，这也使翁心存、翁同龢父子对他更怀敬仰，自此往还不绝。

翁同龢结婚后，汤孟淑躬治烹饪，十分勤快。侍候公婆，体贴周到，深得翁同龢父母喜爱。夫妻感情甚笃。翁同龢非常体贴妻子，汤孟淑也十分敬重翁同龢的才华。窗前灯下，常常形影相随。汤孟淑也有些文学修养，喜诵唐宋长调，经常与翁同龢唱和。由于两人均喜爱字画，因此，还常常一起品评字画，或一起秉烛临摹碑帖。翁同龢性情急躁，汤孟淑时常对他进行规劝。翁同龢后来回忆说："一言之善，令人愧汗，闺阁中待之如友生。"

翁同龢与汤孟淑结婚的第六年，即咸丰六年（1856），翁同龢会试状元及第。也就在这时，正巧汤金钊因病去世。对于祖父的去世，汤孟淑极为伤心。因"归哭过哀"，忧伤成疾，患了咯血症。自此缠绵不已，虽经诊治，但不见好转。又因与翁同龢结婚多年，未有子女，精神时常抑郁，遂萌生"循流俗妇女之见"，致使病情日益加重。终于在咸丰八年二月去世。临终前，汤孟淑拉着翁同龢的手，泪流满面，勉励翁同龢："为臣当忠，为子当孝。"翁同龢为妻子的早逝悲痛欲绝。更为亡妻临终遗言所感动，遂矢志不娶。

汤孟淑怀疑自己无生育能力，所以在临终前，特地托人从常熟为翁同龢代觅小妾一人。据翁同龢日记记载，妾氏姓陆，"容貌殊陋"，只是"操作尚勤"，碍于亡妻的安排，他不便拒绝。但婚后也一直未能生育子嗣。此后翁同龢对自己的生育能力产生怀疑。他患有严重的肾亏，经常遗精，曾借回籍修墓，前往孟河求医根治，但一直未治好，年过四十，身边尚无一子半女。后来由母亲出面，将翁同爵之子翁曾翰过继给他，但曾翰很早去世，而且遗留两个孙子安孙和德孙也先后去世。所以，他生前并无子女。后来由翁同书之孙翁斌孙之子翁之廉承嗣。

状元及第

翁同龢回京的第二年，适逢礼部举行拔贡试，他参加了这次考试。朝考列一等第五名，复试擢第一。引见后，以七品小京官分发刑部，在江西司行走。在刑部供差期间，他因职事关系，阅读南宋宋慈的《洗冤录》等古代断案著作。还奉命派充实录馆校对官，参加校阅编纂中的道光朝实录。实录修成，他被议叙，以额外主事补用。他在刑部江西司前后七载，其间，他目睹社会上种种犯罪事实，对社会的黑暗腐朽现象有着较多的了解，为日后主管刑部提供了不少经验和教训。然而小京官毕竟是伺候上司，且俸入微薄，至多不过换几个买书钱，贴补零用。翁同龢深知要出人头地，光宗耀祖，必须金榜题名，考中举人、状元及第。因此，他一边供职，一边抓紧时间温习经书，随时准备迎考。每天回家后，料理完一切公私案牍，乃入室背书，练习书法，学写制义。经过数年的刻苦用功，终于在咸丰二年（1852）考中举人。

咸丰六年（1856）为清政府规定的会试之年。三月初，朝廷就任命大学士彭蕴章为主考官，尚书全庆、许乃普和侍郎刘琨为副考官。编修贡璜、金钧等十八人为房考官。会试试场设在崇文门观星台西北的贡院。试期从三月初八到三月十六日，一共九天。翁同龢第一天到贡院点名验号，为了保持身心平静，减少不必要的紧张，当天借住与贡院较近的妙应寺内。

三月初九，是考试的第一天。黎明时分，贡院鸣炮三响，翁同龢与其他考生鱼贯入场，各自按号进入考棚。待到第二次鸣炮，试卷发下，考试正式开始。第一场考"四书"文，即通常所说的经艺、八股。这次会试题为"告诸往而知来者，洋洋乎发育万物"一节。对于翁同龢来说，题目并不算难。糟糕的是，由于累年用功，精力消耗太多，体质很差，加上前晚住寺，深夜受凉，入场不久就生病了。"头场患痢"，下泻不止，苦不堪言，只好草草交卷偃卧。房考官贡璜是翁心存的门生，见此立即报告主考官，并随即通知家人。家中得悉后，赶紧给他捎去止泻药，又给他一支上等高丽人参，要他随时服用。后来翁同龢考中状元，有人戏称他是人参状元。经过吃药、参补，精神大有好转。最终坚持到考试结束。十七日，到礼部衙门看榜，考中第六十三名。

按规定，会试中式后，还要参加复试。复试需有同乡京官印结作保。四月十八日，翁同龢到礼部办好由父兄具名的印结手续后，于次日再次前往贡院参加复试。试题为"四书"题、诗题各一道，当日交卷出场。二十二日，复试揭晓，翁同龢获一等第二名。

经会试、复试中式的生员称贡士，不算正式进士。只有通过殿试，才能称进士。复试榜发布的第三天，翁同龢再度前往礼部填写亲供，申请参加殿试。

殿试是科举考试中最高一级的考试。由皇帝亲自主持。时间在会试结束后的四月二十六日。地点在紫禁城太和殿内。考试的内容是经史、时务、策论各一道，每道三至五个小题不等，每题回答字数少则三五百，至多不逾一千。是日一大早，翁同龢和其他新贡士齐集天安门广场，由礼部堂官、读卷官带领，在护军统领、军校的护送下，进入太和殿。行礼过后，跪接试卷，接着就试桌对策。试卷用宣纸裱成，翁同龢先在试卷的素页上填写个人的履历和家中三代姓名、官职，接着就在后面红线界内撰写策文。这次策问实际上还是崇学、吏治、民生、安边一类的题目，翁同龢以平日所学，侃侃而论，其所答大意为敦学以厉士风，课吏以厘政绩，除莠以靖社里，诘戎以靖边圉，两千余言。

殿试名义上是皇帝发策，但实际上均由读卷大臣衡文。试卷的评阅内容与书写并重。但阅卷大臣重书法的多。这次，翁同龢的试卷初列为一甲第二名，后经阅卷大臣、大学士裕诚复勘，认为他的试卷文字与书法俱优于一甲第一名，遂拟定他的试卷为一甲第一名。殿试的第三天早上，咸丰帝在中和殿听读卷大臣读卷，并钦定一甲第一、二、三名。名为钦定，实际上是形式。当裕诚等读卷大臣将前十名试卷呈上，咸丰帝略微审视了一下，当即传谕："今科所取甚允洽。"待到拆弥封，读到第一甲第一名翁同龢时，咸丰帝满脸堆笑地说："此翁某之子，深知其才。"在太和殿品级山引见时，咸丰帝又特意对翁同龢注视良久，对他的才华表示赞许。

咸丰帝对翁同龢的褒奖眷顾，翁同龢出类拔萃的才华以及他仕宦之家的身世，预示着他日后将有一番美好的前程。所以，他的状元及第对全家来说，真可谓是喜从天降。翁同龢及第的当天，其兄同爵就将这一喜讯派人报知远在通州（今北京市通州）查仓的父亲。翁同龢更没有忘记辛勤教养自己的父母，他把这次状元及第归结为"天恩祖德及托父母的福庇"。在传胪的第三天，也向父亲写了一封亲笔信。父亲接到两个儿子的来信，兴奋得几夜未能很好地入睡。他回顾家族四代六十余年的艰难努力，一直到此时才大显大贵的历程，感慨万端。

第3章

弘德殿行走

进士是科举的终点，也是士子仕途的起点。翁同龢朝考揭晓次日，被正式授为翰林院修撰，实录馆纂修，从此步入官场，跻身政坛。任学政，继父述志，入值弘德殿，授读同治帝。权参政要，一步步擢为朝廷的大员。

继父述志入值弘德殿

翁同龢供职翰林院的第三年，咸丰八年（1858）被命为陕西乡试副考官。试毕奉旨为陕西学政。在清代，学政由中央任命，地位仅次于总督、巡抚，被称为柄持一省文衡的"文宗"。翁同龢状元及第才三年，就被命为学政，在当时进士中是较为少见的。但他只在任一年，就借口面北荒寒，气候不适，"脚趾化脓"，奏请回京。咸丰帝考虑到翁心存身边无人照顾，也就批准了他的奏请。

其实，翁同龢奏请回京的一个重要原因是为了父亲。当时肃顺、载垣等正借户部"五宇号"弊案对翁心存等人进行打击。翁心存坐失察处分，革职留任。

翁同龢回京后，仍供职翰林院。此后由于朝局发生戏剧性的变化，父亲受牵连的"五宇号"一案得以平反。咸丰十一年（1861），咸丰帝在热河去世。载淳即位。载淳的生母慈禧太后联合恭亲王奕䜣、醇郡王奕譞等发动政变，诛杀肃顺、载垣、端华等人，夺得政权，改元同治。重新起用被肃顺排斥、打击的周祖培、祁寯藻、翁心存等一批朝臣。

同治即位时，年仅六岁，无法亲政，由慈禧太后和慈安太后一起垂帘听政。同年，载淳改在弘德殿读书，由议政王奕䜣提议、两太后谕准，翁心存被命在弘德殿行走，授读同治帝。书房当差，备极辛劳。当时翁心存已是七十开外的年纪，且一身多病，本可推辞不就，但他没有这样做，因为不久前，刚从安徽回京的大儿子翁同书因办理寿州绅练仇杀一事不善，遭曾国藩参劾，被逮下狱，被判为斩监候。翁同书的被逮，对翁心存无疑是一个沉重的打击。在这种情况下，朝廷任命他在弘德殿行走，实际上是对他的一种安抚，表示朝廷对他仍然很信任。翁心存当然明白朝廷的用意，根本也不能拒绝。为了营救自己的儿子，翁心存力疾赴任。时值隆冬，天气严冷，每天冲寒入值，加上担心儿子的生死，整天处于忧、惊、惧之中，所以，入值未及十个月，就一病去世了。父亲去世后，由于常熟仍为太平军占领，去江南的水路因捻军起义受阻而不通，翁同龢只好在京守制。其间一度去文安书院授课，以贴补家用。

同治四年（1865），弘德殿师傅、礼部尚书李鸿藻被命为军机大臣，仍兼弘德殿行走。军机事务极为繁忙，李鸿藻无暇照料书房的事务。为了不耽误小皇帝的学习，两宫皇太后决定增派师傅。翁同龢是翁心存的儿子、咸丰六年的状元，学问优长。对此，两宫皇太后略有耳闻。经恭亲王奕䜣会同稽查弘德殿事务的醇亲王奕譞商议，决定增派翁同龢，当即得到谕准。

由于翁同龢的父亲翁心存是前任大学士，因此，这项任命，从朝廷的角度来说，可称为"眷恋旧臣，推及后裔"。而对翁同龢来说，则无疑是表示朝廷对他的看重和信任，预示着个人未来的前途。在他看来，人臣高贵，莫如帝师，而能造就一代贤君，是人生难得的机遇。此外，接替先父的遗任，继父述志，也是对自己孝思的一大安慰。而父子同启沃一帝，更是一重佳话。在太后召见时，他当即表示：自问受国重恩，无可图报，书斋巨任，力任其难。

翁同龢入值弘德殿时，在上书房行走的师傅除了李鸿藻外，尚有倭仁、徐桐，谙达（满文师傅）则有桂清、广寿、伊精阿等人。翁同龢入值后，主要接替李鸿藻给同治帝讲授《帝鉴图说》一书。《帝鉴图说》出自明代政治家张居正之手。张居正为了辅导年幼的明神宗，于隆庆六年（1572），依据史书，特地将"自尧舜以来有天下之君，择其善可为法者八十一事，恶可为戒者三十六事"，编成一个个小故事，每个小故事加上标题，再配上一幅工笔画，内容虽深，但因配之以图，容易看得懂，也比较适合幼儿的特点，颇为同治帝所喜爱。翁同龢入值的第一天，给同治帝进讲的是唐宣宗《受书于屏》一节，故事内容是说唐宣宗因仰慕先王唐太宗贤明，虚怀纳谏，特将《贞观政要》中的一些内容录写在大厅的屏风上，借以日日观瞻、阅读，策励自己。授读中，翁同龢讲得既浅显明白，又自然生动，同治帝听得津津有味。翁同龢第一次讲课就给同治帝留下很深的印象，并且很快就传到两宫皇太后的耳朵里。第二天，慈禧太后面谕李鸿藻：闻翁同龢讲《帝鉴》甚明白，上颇乐闻。此后，翁同龢还为同治帝讲授了《一喜一忧，与弟共知》《唐宪宗却贡》《遣使赈恤》《延英忘倦》《宋仁宗受无逸图》等十多节。翁同龢的讲授对同治帝的长进起了不小的作用。如同治帝在听了《唐宪宗却贡》一节后，大为感慨地说：贡献皆取之于民，吾亲政后，当效法宪宗，不受贡物。一席话说得翁同龢非常高兴，连连夸奖同治帝说得好，并说此乃天下臣民之福也。

　　《帝鉴图说》讲完后，翁同龢又给同治帝讲授《圣祖廷训格言》和由他本人整理节选的《清朝开国方略》、由李鸿藻编辑的《经史语录》。从同治六年（1867）秋天起，又负责领讲《孝经》《毛诗》。从七年起，负责指导同治帝写诗、作论。八年取代徐桐，进讲《孟子》。他的讲授、指导，一直受到同治帝的喜爱，得到两宫皇太后的好评。慈禧太后在召见王公大臣时，曾不止一次地夸奖翁同龢"讲授有方"，"入值甚勤"。翁同龢讲授好，原因是多方面的。他娴悉经史，学问底子厚，父亲入值过上书房、弘德殿，对进讲的经验教训早有所闻，这使他可以少走许多弯路。更主要的是，他深知他所教的学生并非普通生员，而是关系日后治理国家的天子。皇帝典学成否，非同小可。因此，进讲特别尽心尽力。每日寅时（早晨四点左右）入值，申时（下午四点左右）回家。一年四季，除生病外，不论刮风下雨，严寒酷暑，几乎天天如此。甚至有时"寒热甫退"，晨又"力疾赴任"。有时为弄清课文中的一个字、一个解释，往往跑遍京师大小书铺。为使皇帝能学会作诗，他特意编辑了《唐诗选读》，亲手抄呈，交给同治帝带回宫中阅读。同治帝读古文有困难，尤其是文言虚词的使用常常搞不清楚，他特地将常用文言虚词集录成册，附上例文注释，供同治帝阅看，对提高同治帝的古文阅读能力起了很大作用。见到同治帝写字不佳，实缘笔不合手，特地到城外德宝魁笔店买了两支上等水笔呈给同治帝。他讲究灵活的教育方法。当看到皇帝精神疲倦，读书无气力，就中辍进讲，让皇帝下座休息，到庭中散步，借以舒筋活气，消除疲劳，这一做法，效果非常好。同治帝感到写作小论文有困难，他提议不妨由师傅先编几条有关用语，供皇帝摘录参考，这个方法对提高同治帝作论水平帮助很大，深受同治帝欢迎。翁同龢不但备课认真，授课有方，而且对于妨碍圣学的一些做法，也敢于直言进谏劝阻。同治七年（1868），两宫皇太后常常携带同治帝巡幸王府，影响书房功课，他认为这样做不利于圣学，便与倭仁、李鸿藻等人联名奏请停止巡幸，请以圣学为重，此折虽被留中，但他尽了师傅的责任。

书房进讲成功本来是件好事，但却给翁同龢带来了很多麻烦和苦恼。由于他入值时间比别人迟，年资比其他师傅浅，所以，很快遭到他们的妒忌。妒忌得最厉害的是徐桐。据翁同龢日记记载，徐桐看到慈禧太后常常称赞翁同龢而不表扬自己，急得"吐血"。于是徐桐利用自己是满人的特殊身份，暗中联络同伙，与翁同龢为难。满功课大半安排在膳前，汉功课一般都排在膳后。徐桐和同伙就故意拖延上午授课的时间。这样一来，用膳时间势必推迟。翁同龢的课都安排在膳后，所以，每次轮到他讲授，只好草草结束。他们暗暗高兴，认为这下把翁同龢镇住了，给人造成翁同龢授书徒有虚名、授读"漫不经心"的印象。

同治七年后书房改为全功课（全日制）。全功课，不仅师傅辛苦，而且同治帝也极为辛苦。早晨五点进书房，读满文，背汉书，写字、写诗、作论，又忙又累。此外还要出席重大的祭祀活动，大臣的引见、谢恩，也要出临，这就越发加重了同治帝的负担。同治帝因此常常闹病。上课无精打采。加上当时选秀女，同治帝越发神思不定，书既不熟，论多别字，诗无成诵，甚至语言蹇吃。在这种情况下，对于还是孩子的同治帝，倭仁、徐桐等人不但不予以循循诱导，反而采用罚读、罚写的办法，结果适得其反，同治帝的学习更加糟糕。对于罚读罚写，翁同龢从一开始就不赞同，认为"罚不当教"。建议"顺情劝诱"，鼓起皇帝读书的兴趣。但这些建议遭到徐桐的反对，被指为是"另开台面""借此取悦圣心",气得翁同龢"肝气作痛"。同治帝对读书毫无兴趣,时间一久,遂引起了两宫皇太后的不满。太后屡有烦言,要师傅们尽心教导。

翁同龢心里明白,这一切都是徐桐及其同伙造成的。忠君的责任感驱使他不得不向负责稽查书房事务的醇亲王奕譞陈说,奕譞很同情他。当时李鸿藻因为母亲生病,不常到书房,翁同龢亲自登门就商。经由李鸿藻向两宫皇太后进言,两宫皇太后传谕满功课改在膳后,时间不必太长,并要李鸿藻能抽出些时间常去书房。满功课改在膳后,这规定一经宣布,立即引起其他人的反对。在他们的鼓动和唆使下,宗人府理事官伊里汉陈奏:满功课改在膳后是重汉抑满,违背祖规,大为不妥。结果被慈禧太后斥为无知妄言,原折掷还。并再一次传谕:嗣后膳前专读书,计六刻可毕;满书改于膳后,毋庸多读,酌减为要。由于皇太后的干预,书房抢占时间的问题才得以解决。

虽说如此,但书房的矛盾不能不影响翁同龢的思想情绪。由于徐桐等人的干扰,同治帝的功课越来越差,慈禧太后非常气愤,甚至有"恨不能自教"之语。这些严谕责备虽然并不全是指翁同龢,但翁同龢心里总是感到惴惴不安,靠他一个人的力量无论如何不能改变书房的面貌。他曾一度打算辞去书房重任,但一想到朝廷对自家的恩惠,再想到国家多难,亟待治理,皇上典学未成,为臣责任重大,因而着力克制。此外,他的兄长同爵也写信劝他不必辞差:吾弟日侍圣学,虽甚劳苦,然得偿先人未竟之志，似亦未可言退，宜似圣主亲政后，再陈请为养。再有，师傅尊荣，与外任道府，有仙凡之别，正不宜舍此就彼也。正是因为这些原因，他才坚持下来。

同治八年，李鸿藻丁忧期满回任，慈禧太后要他立即回到弘德殿，把皇帝的功课切实抓起来。翁同龢全力支持李鸿藻整顿书房，提出授书"宜顺不宜逆，宜静不宜淑"，指出"发声征色终究无益"。他还提出"生书须重领读""作论须先略讲"等一系列建议，得到李鸿藻全力支持。经这一番整顿，书房有了新的起色。然而就在这时，他因母亲去世，回籍丁忧，暂时离开了弘德殿。当时正是需要他的时候，两宫皇太后曾指派恭亲王奕䜣传达"向用之意"，要他事贵从权，移孝作忠，百日后仍回书房入值。翁同龢表示尽忠先尽孝，古有明训，表示三年后再勉力图报。由于有李鸿藻丁忧三年的先例，两宫皇太后只得允准他的请求。

给两宫皇太后讲书

翁同龢入值弘德殿不久，还奉旨派往养心殿给两宫皇太后进讲《治平宝鉴法编》一书。

同治改元后，因为同治帝年幼，不能亲理政事，由两宫皇太后垂帘听政。其时慈禧太后年近二十六岁，慈安太后才二十四岁，久居深宫，不悉外事。为了解历代帝王和太后垂帘政治事迹和统治得失、兴衰利弊及"足为法戒者"，特令南书房的张之万、潘祖荫、许彭寿、鲍源深等人编纂《治平宝鉴法编》一书，据史直陈，简明注释。书成之后，选派大学士、尚书、弘德殿师傅轮流进讲。进讲时，全体军机大臣、大学士、各部尚书一并参加听讲。

翁同龢第一次进讲，由御前大臣奕山带领来到养心殿。进讲仿照经筵的格式。师傅坐在一张事先摆放的椅子上，旁边坐着恭亲王、醇亲王、钟郡王等人，另一边站着军机大臣、大学士和各部尚书，黑压压的一片。两宫皇太后则坐在黄色帷幔内的御座上。翁同龢坐下后，打开书本，开始进讲。他这次进讲的题目是《宋孝宗与陈俊卿论唐太宗能受忠言》一节。他先介绍了宋孝宗的身世，接着说，宋室南渡后，贤主首推孝宗。他聪明英俊，颇有作为。虽无中兴之业，素怀中兴之志。他从言纳谏，有唐太宗李世民的作风。就拿陈俊卿来说吧，本是耿直之臣，孝宗不仅能容纳他，而且还大胆地予以提拔重用。进讲中，翁同龢借题发挥，反复强调君主虚怀纳谏、礼贤下士与统治得失的关系。讲完之后，他又一一回答了两宫皇太后提出的问题。他从容不迫，据史入对，进行解答。首次进讲，不仅仪节无失，而且思路敏捷，剖析得当，交代清楚，浅显明白，口齿也很利落，两位皇太后及在场的王公大臣无不感到满意。

进讲是每半月轮值一次。此后，翁同龢还给两宫皇太后、王公大臣们进讲了有关宋、金、元、明四朝帝王政治事迹的十五个专题，进讲前后历时半年之久。值得一提的是，翁同龢在进讲中，除了内容讲得明白透彻、浅显易懂外，还有一个特点，就是他能把所讲内容同现实政治结合起来。在阐述历史事实的同时，还能结合个人的看法，加以发挥，并借两宫皇太后提问，根据个人闻见，据实陈言，大胆揭露当朝的诸多弊窦。如进讲《明宪宗饬有司毋滞狱》和《明孝宗删定律例》两节，在回答太后有关当时清朝各省问案和在押人犯的情况时，他说，现在刑部办案皆有案不用例，有例不引例，与前人办案援例定刑用意向背，即使引例也多所未当。类似的情况，各部皆有。六部则例存在诸多"弊窦"，亟待修改。后来，两宫皇太后采纳了他和其他大臣的意见，于同治十三年（1874）下令设立则例馆，组织专人修改六部则例。又如，进讲《明世宗用台谏张允明言赈南京荒》一节，在回答皇太后有关什么是救荒办法问题时，他提出了"法备不如任人"的主张。认为法备于古，固然不错，但需得人，得人则实惠可及于百姓；如果法备而不得人，则百姓就要受苦受难，所以，法备不如任人。他还指出：仅有完备的法律而无贤臣良吏，那么，这样的法再好，也是无法贯彻的。太平天国起义虽被镇压下去，但由于吏治败坏，社会矛盾冲突和社会对抗仍很严重。他的"法备不如任人"的思想就是针对这一情况而发的。在给兄长翁同爵的信中，翁同龢也说"指陈古今，讲明道理，则侃侃谔谔，无所忌讳，此所应为也"。这种基于对历史和现实社会的认识了解，也正是促成他日后主张维新变法的一个因素。

奏请太后权理朝政

同治十三年四月，翁同龢丁忧服阕，起程回京，仍被命在书房行走。由于同治帝已经亲政，书房由弘德殿改在昭阳殿。授课任务主要是协助指导皇帝写诗、批阅折件等内容。但入值不久，就遇上了朝廷有关修复圆明园的争论以及同治帝病逝两件大事。

同治帝亲政后，为了让两宫皇太后晚年有一个憩息之所，于同治十二年谕令内务府筹款修复圆明园。当时正值各地农民起义被镇压下去不久，国家元气未复，财政拮据，百废待举，而兴办洋务，筹办海防，收复新疆，又在在需款。所以，修园的谕旨一经宣布，立即舆论大哗，纷纷上奏要求停修。翁同龢回京的当月，在忠君的责任感的驱使下，也与李鸿藻、徐桐、王庆祺等书房师傅上了一道奏疏，力陈时势艰难，天下待治，请与民更始，停罢修园之举。两宫皇太后和同治帝迫于舆论，最终传谕停修圆明园。

同治帝亲政未及一年，就因病不幸去世了。同治帝因为生病，无法批阅折件和处理朝政，心里十分着急。因为亲政以来，生母慈禧一直插手用人行政，所以极不愿将政事交与其处理。而慈禧太后又急欲染指朝政，掌握政权，但不便亲自向同治帝启口。随着同治帝病情日益加重，慈禧太后再也沉不住气了。她在养心殿召见王公大臣和弘德殿师傅，说圣心焦虑，论及折件等事，裁决披览既不能恭亲，尔等当思办法，当有公论。意思要由王公大臣出面向皇帝建言，由她来处理朝政。翁同龢和其他同被召见的王公大臣早已窥透慈禧太后恋权的心理，当然明白她的用意，随即由惇亲王奕誴出面，吁请太后权理朝政。慈禧太后担心此举引起日后同治帝对她更大的不满和招致不必要的非议，不愿担负因皇帝生病被指为趁机夺取政权的恶名，于是又示意王公大臣和弘德殿师傅最好写一个奏折，便于她名正言顺地权理朝政。翁同龢平时笔头又快又好，于是被推为执笔。不到一刻工夫就起草好了。折中说，皇上现在尚难耐劳，臣等吁请所有内外衙门陈奏事件一应呈请皇太后披览裁定。慈禧太后见了，表示满意。同治帝听了大臣的跪奏，心中纵即有所不愿，但也无其他办法可施，也就默认了。谕旨颁发的当天，两宫皇太后在养心殿正式处理折件，裁决大政。

四天之后，同治帝去世，慈禧太后又作出惊人之举。她不顾王公大臣的反对，宣布立醇亲王奕譞之子、自己亲妹妹所生、年仅五岁的载湉为帝，改元光绪，承嗣咸丰，继续以太后的身份垂帘听政。同治帝皇后有见于此，遂吞金自裁。数年后，同治帝灵柩奉安惠陵。随扈参加葬仪的吏部主事吴可读为了抗议慈禧太后违背伦常之举，在返京途中，于蓟州（今天津市蓟县）马仲桥三义庙吞食鸦片自杀。遗折要求两宫皇太后再降谕旨为同治帝立嗣，明确规定将来大统仍归承继大行皇帝嗣子。这就是晚清史上有名的吴可读死谏事件。

此时翁同龢已奉旨入值毓庆宫，成为载湉的师傅。这次，他又奉旨参加对吴可读遗折的处理。他亲自执笔，与工部尚书潘祖荫等人联衔呈奏。奏疏搬出清朝不建储贰的祖宗家法，援引了慈禧太后同治十三年十二月择立载湉为帝懿旨中的话语，来说明慈禧太后不为同治帝立嗣，"揆诸前谕则合"，"准诸家法则符"，短短几句话就把吴可读的死谏之举给否定了。慈禧太后见了翁、潘等人的联衔折，十分满意。认为该折言简意赅，很有说服力。在后来颁发的王公大臣复议折中，特地援引了联衔折中"将来绍膺大统者，即承穆宗毅皇帝"这句话，翁同龢见此，"感涕交集"，激动不已。

翁同龢对慈禧太后的一片忠心，换来了慈禧太后对他的眷顾和信任。此后，他仕途风顺，再次被任为帝师，职管多部，一步步擢为朝廷的重臣。

第 4 章

毓庆宫行走

同治帝去世后，光绪帝继位。继位的第二年在毓庆宫读书。翁同龢又一次被命为帝师，入值毓庆宫长达二十余年，因此，对光绪帝的影响很大。

再为帝师授读光绪帝

光绪元年（1875），翁同龢奉旨和醇亲王奕譞及荣禄、载龄等承修同治帝惠陵。十二月的一天，他刚风尘仆仆从惠陵回京，军机处就给他送来一道懿旨，令他与兵部左侍郎夏同善在毓庆宫行走，授读光绪帝。

慈禧太后之所以再次任命翁同龢为帝师，授读光绪帝，是基于几个原因：翁同龢学问深，对朝廷忠心耿耿，在办理同治帝丧仪和拥立光绪帝两件事上，对她表现出了极大的忠诚。再者，翁同龢当初入值弘德殿授读同治帝时，小皇帝很爱听，让他授读光绪帝，一定"堪称此任"。还有，翁同龢为人平和，遇事机敏，不像李鸿藻、徐桐等人那样固板、僵化，这样的性格最能与小皇帝处理好关系。翁同龢当然知道这是慈禧太后对他的信任，况且两任帝师，再造贤君，这是人臣一生难逢的美举。然而这项任命对翁同龢来说又是一件困难的事：要将一个五岁的孩子教育成一代君主，谈何容易。他经过一夜的反复思考，呈上一道奏折决定不接受这道任命。两宫皇太后见到翁折的次日，在养心殿专门召见翁同龢和夏同善。召见中，慈禧太后要他"尽心竭力，济此艰难"，唯当尽心纳诲，用副简任，懔遵前旨，不许固辞。并指令由他担任授书，夏同善承值写仿。事已至此，翁同龢无法固辞，只好叩头谢恩。随后循例上了一道谢折。折中再一次表示：皇上入学之初，一切从头开始，凡书房一切课程皆上禀两宫皇太后懿旨，与同值诸臣悉心商酌，庶获涓埃之益，以酬皇太后眷顾之恩。

光绪二年（1876）正月二十二日，光绪帝启蒙进学。由翁同龢、夏同善在养心殿东暖阁内指导写字。三个月后，正式改在毓庆宫内读书。从这时候起，到光绪二十二年（1896）正月书房裁，翁同龢入值毓庆宫前后长达二十多年，这是一段漫长的岁月，几乎占了他生命历程的三分之一。

翁同龢入值毓庆宫后，还担任其他部院的有关职务，事务较为繁忙。而光绪三年夏同善又改授江苏学政。因此，在此后的几年里，书房又陆续添派了孙家鼐、张家襄、松溎、孙诒经等几位师傅。尽管如此，翁同龢的责任并没有减轻。光绪九年六月，慈禧太后面谕翁同龢：此后书房事务由你主持，干脆把书房教育的重任委交给了他。

书房开设的头两年，功课主要是认字，学满文，说满语，听讲书，读生书，背熟书。规定每日生书读二十遍，熟书背五十遍，遍数虽多，但课文一般只有三五行，数量有限。光绪帝从小身体虚弱，气力不足，畏难怕读，是可以想象得到的。光绪四年，书房改为全（天）功课后，整天读书，光绪帝畏难情绪更加严重。有人建议用罚读的办法，翁同龢没有同意。翁同龢对当年弘德殿书房倭仁、徐桐对同治帝罚读、罚背的情景记忆犹新，他当时就对这一做法不赞成，因为罚的效果并不好，同治帝后来厌学厌读，从某种程度上讲与此有关。孙家鼐也是咸丰状元，论资格与翁同龢差不多。他坚持要试一试。出于礼貌，翁同龢只好同意。商定结果，规定生书不熟，罚再读二十遍；熟书不熟，罚多读三十遍。光绪帝对这一规定始惧而后玩忽。像当年同治帝一样，罚到后来，干脆不开口，就是不读。此时，其他师傅主张让步，认为毕竟毓庆宫不是民间私塾，授读者是皇帝，不必如此认真。而翁同龢却持相反的看法，表示不同意。认为如此放纵下去，他无法向两宫皇太后交代。既然规矩已定，就不能随意更改。甚至遇到光绪帝大声哭叫也全然不顾，仍持之以罚。对于师傅的这一招，调皮的光绪帝采用拖延时间的办法，达到不读书、不背书的目的。"汉书攻读不得，变法于满书，满书既延，则生书不能读，生书既减，则仍归到熟书"。又是孙家鼐想出一个主意：仿照起居注的形式，搞了一本《内省录》，换个说法，就是记过簿，将皇帝在书房内的过错逐日登记在上面，必要时呈给太后看，目的是想以此约束光绪帝，让他把书读好。岂料，这一举措引起光绪帝强烈不满，又是哭，又是闹，甚至将书房的茶盅也扔在地上，干脆奔回宫内不读了。

皇帝罢课，师傅们不免惶惧。翁同龢立即请来总管太监转奏，宣布取消《内省录》，请皇上立即回书房。皇帝怒气未消，又碍于面子，就是不肯来。最后还是经总管太监奏请慈禧太后出面才了结这场"闹学"风波。第二天，慈禧太后召见翁同龢，当着翁师傅的面，把光绪帝训诫了一顿，以书房自有规矩，切不可如此。要他读书听话勿淘气。翁同龢也趁机检讨师傅们有错，向皇帝赔个不是，直到此时皇帝才同意回到书房。

经过这场"闹学"风波，翁同龢与其他师傅深信惩罚不能替代教育。于是决定改用正面鼓励为主。皇帝回到书房的当天，翁同龢代表全体师傅再次向皇上道歉，但又说师傅们的做法虽欠妥，但也是出于爱护皇上，是为了让皇帝把书读好，将来好为天下做事。针对光绪帝喜看有图文的书，表示日后若有图画之类书籍，一定拿来给皇上看。但皇帝也给师傅们提出了一个要求：即膳前功课须在午刻（中午十二点左右）结束，否则回宫太迟，有劳慈眷。师傅们一口答应。至此，持续两天的"闹学"风波才告平息。

"闹学"风波刚平息，翁同龢唯一过继的儿子（翁同爵之子）翁曾翰因染伤寒不幸去世，这对人到中年的翁同龢来说是一个很大的打击。他顿时"萌生道念",想辞官归田,向慈禧太后叩请易傅。慈禧太后温谕再三,以时势艰难,择人不易,要他不要辞请,并以"知汝忠悃"相勉,再次赞扬他在书房所作贡献和对朝廷的一片忠心。慈禧太后的一番安慰和褒奖,使翁同龢感动得泪流满襟,从此,更加一心一意地把全部心血扑在对光绪帝的教育上。

毓庆宫的师傅们大多是儿孙绕膝,都知道如何疼爱子孙。所以,翁同龢和其他师傅们决定从生活上关心入手,使师生之间的感情由僵持逐渐变得融洽起来。每当皇帝进书房,翁同龢总先要看看皇帝的气色如何,摸摸皇帝的小手心烫不烫,轻声细语地询问一番。如果发现光绪帝体有不适,当即表示读书的遍数可减,遇到光绪帝实在读不下去的情况时,干脆不再强求,或唤总管太监来,奏请提前下书房。有时暂作停顿,让皇帝到庭中散步、休息,或进宫吃茶点。这样做的效果非常好。一次,光绪帝因腹疼,未进早膳就来书房。书读到一半,忽然不开口了。翁同龢经过仔细盘问,方知尚未用早膳,立即传太监送来点心,并表示提前下课,还着实把光绪帝表扬了一番。师傅的表扬,使光绪帝精神大为振奋,有股说不出的高兴劲儿。又有一次,光绪帝根据《帝鉴图说》中的图画,在书房内画了一幅《天人交战图》,画中人团头虎脑,横眉竖眼,看了令人捧腹生笑,翁同龢与其他师傅高兴极了,当面夸奖光绪帝,说皇上颖悟异常,画得好。这天光绪帝心情舒畅,书读得特别卖力,不仅生书照数读完,而且熟书主动要求多读了七遍。翁同龢在日记中写道：殿中日来阳气洋溢，亦不复旧景矣。经过一番苦心努力，书房终于走上了正轨，师生之间的感情变得日臻亲密。

翁同龢不但在学业上是光绪帝的老师，而且在生活上也像慈父般关心光绪帝。光绪帝从小离开父母，体质差、胆子小，每逢雨天刮风打雷闪电特别害怕。光绪三年（1877）六月的一天，翁同龢正在授书，这时天色遽变，霎时乌云密布，雷鸣电闪，大雨倾盆，光绪帝吓得从座椅上滑下来，双手死命地抓着椅腿，大声喊叫。翁同龢顾不得君臣之分，一把将光绪帝抱起来置于怀中，安慰他不要怕。他知道光绪帝喜看图画，常常利用课余之暇，到城内街坊书肆寻购浅显易懂的书画，如《棉花图》《盘山志》《燕山八景》之类，呈送光绪帝。光绪帝自小进宫，由太监一手护理长大，时间一久，太监未免对他心存不敬。当时负责光绪帝生活起居的总管太监叫范长禄，此人既粗鲁，又贪利。光绪幼小，平日范长禄敲不到多少恩赏，因而对光绪帝很不关心。光绪帝时常"腹疼不思食"，早晨空腹到书房读书，他既不向太后奏报，又不向师傅说明，而在翁同龢等师傅责问之下，还推说不知。此外，他还动辄借书房中的一些小事，到慈禧太后面前"告状"，弄得光绪帝时常挨慈禧太后责骂。光绪帝对他心怀忌恨，但自己弱小，无力反抗，奈何他不得。翁同龢得知这些情况后，批评范长禄对皇帝不应如此，要他好生伺候皇帝。范长禄告老退役后，继任总管太监对光绪帝仍不关心。光绪六七年间，慈禧太后重病缠身，书房一时无法过问，总管太监便对光绪帝采取不闻不问的态度，竟让光绪帝自己动手铺炕，弄得光绪帝手指划破出血；光绪帝吃茶要自己动手倒水，结果手上被烫起小水泡，气得翁同龢大骂："左右之人皆昏蒙，不识事体。"翁同龢的一举一动在光绪帝幼小的心灵中留下了深刻的印象，时间长了，他不但尊重师傅，而且把师傅当作自己的保护人。光绪七年三月的一天，光绪帝愁眉苦脸，告诉翁同龢随侍太监中有人取笑他，尤其是那个姓任的总管太监最可恶，总说自己是在他手里长大的，要求师傅主持正义，加以制止。又有一次，光绪帝竟牵着翁同龢的衣角，力诉太监的不是，要求解决，直到翁同龢答应一定奏请太后，传旨申斥，光绪帝这才放手。后来慈禧太后得知这些情形后，面谕：皇帝左右有不守法度者，翁同龢可指名参奏。一个师傅排除了孩子心里一件小小的不安，是多么平常，可是在光绪帝眼里，翁师傅是多么慈祥，多么公平，多么了不起啊！在以后的日子里，光绪帝遇事常常与翁师傅在书房独对也就是从这时候开始的。

　　生活上无微不至的关怀，使师生彼此之间感情日益深厚。光绪三年，翁同龢告假回籍修墓，光绪帝知道后心情很不好受，他舍不得翁师傅离开书房。在翁同龢离京的两个月中，光绪帝一直情绪低落，读书毫无心思。待到翁同龢回到书房，光绪帝的第一句话是："吾思汝久矣！"一个说得思情切切，一个听得老泪横流。光绪四年夏，翁同龢患痢疾，一连七八天不能入值，光绪帝特遣人慰问，并传语："甚想伊也。"翁同龢听后大为感动，遂力疾赴任。每年腊月二十四日前后，皇太后和皇上照例要给师傅颁赏物件，祝福吉利。光绪五年这一次，光绪帝特地写了大红"福"字、"寿"字，送给翁师傅。当翁师傅跪接时，光绪帝特意将"福"字从翁师傅头上身上反复来回拖了两遍，意即"全身福""全家福"，喜得翁同龢嘴也合不拢。光绪帝因最敬爱翁同龢，所以最听他的话。当其他师傅授读时，光绪帝表现出不愿多读的样子时，只要翁同龢出言劝诫，他总能听话顺从。甚至连谙达广寿有时也需要借助翁同龢的帮助，才能把课上好。

春去夏来，秋尽冬至，时光过得很快。光绪七年，光绪帝已经11岁。顽皮和似懂非懂是这个年龄段孩子的特点。于是毓庆宫书房出现了新的插曲，这一切也给翁同龢在书房教育中增加了新的难度。

旧历正月初六是一年中书房开学的第一天。第一天上课，光绪帝就神思不定。课间，"呈现倦容"，动辄催促师傅提前下课。起初，翁同龢和其他师傅只当他节兴未退，或体有不适，并未多加介意。可是自那天之后，一连半月，日日如此，这使翁同龢与其他师傅感到奇怪。经过仔细盘问，才知道是为了一只八音钟（闹钟的一种）。原来毓庆宫本来备有座钟，后来怕影响他读书分心，故从光绪三年起，殿内钟一律撤去。光绪六年，光绪帝借口到书房读书误时，特地要了一只八音钟放在寝宫，不时玩弄，不久就被弄坏了。自钟弄坏后，几乎整天想着如何修好它，以致读书全无心思，催促师傅早点下课，是想回宫早些把钟修好。后来还是翁同龢将自己的怀表送给他，才使他静下心来。

孩子的脑子就像一张白纸，师傅就像画师，一举一动都会对孩子产生影响。有时师傅们讲的只是极平常的一件小事，而光绪帝则往往出于好奇加以模仿。一次，师傅张家襄在书房无意讲起外国人进膳用手不用筷子，他大感兴趣，是日回宫，真的"学洋人以手博饭"，弄得满手满脸全是米粒。太后问他怎么这个样子，他则言张师傅说的，吓得张家襄"力白无之"。又有一次，他不知听谁说"守庚申"（指守夜），居然也加以模仿，静坐寝宫院中，遥看星斗，焚香拜祝，一夜未睡。次日一进书房，便倚椅而卧，呼呼大睡。由于光绪帝对新鲜事物极为好奇，又好事模仿，使得翁同龢与其他师傅变得更加谨慎小心。但翁同龢认为，学洋人以手博饭和守庚申两件事，并不是光绪帝的任性胡闹，恰恰是光绪帝懂事的表现，是他对新鲜事物敏感的反映。他认为，凭着光绪帝的聪明颖悟，只要好好诱导，将来一定会成为一个大有作为的皇帝。因此，他决定进一步加紧对光绪帝学业和人格方面的教育。

突出经世思想的教育内容

从光绪二年（1876）到光绪十五年（1889）光绪帝亲政前，翁同龢给光绪帝先后开设的课程不下四十门（包括满文课程）。其中有些课程与当年弘德殿安排一样，如"四书""五经"《大学衍义》《中庸》《论语》《孟子》《通鉴论》等，因为这些都是封建政治理论，纲常名教、伦常圣典，不可不讲。但翁同龢认为当今皇朝已非康乾一统之世，外国侵略已深入堂奥，中国面临着严重的民族危机，处在这样一个动乱多事的时代，作为未来治理国家的皇帝，仅有上面这些学问显然不够。因此，翁同龢在得到慈禧太后同意后，又安排了有关中外史地、早期改良思想家著作方面的课程。光绪帝亲政后，毓庆宫书房继续保留。到光绪二十二年正月书房结束，翁同龢又给光绪帝进呈、进讲了下列课程：

光绪十六年，进呈出使各国使臣笔述记录、钱恂编写的《通商出入表》《关税出入表》、海关总税务司赫德主持编译的汉译西学书籍十六种。

光绪十七年，学看世界地图，光绪帝开始学习英语。

光绪十八年，进讲《九思堂录》。

光绪十九年，出国使臣张德彝进讲西国近事、西文。

（光绪二十年，慈禧太后下令裁撤汉书房、洋文课。汉书房旋即恢复。）

光绪二十一年，翁同龢进呈王韬译述的《普法战纪》一书。进呈陈炽《庸书》、汤震（汤寿潜）的《危言》。

从上面课程内容和翁同龢进呈的书籍来看，儒家经典中，除了《周礼》《论语》《大学衍义》《通鉴论》外，其余几乎都是属于今文经学一类的经籍，尤其是"五经"最富代表性。这种课程设置与翁同龢的政治学术思想倾向有关，完全是有意安排的。今文经学，尤其是公羊家的春秋学说，侧重在发挥经文"大义"，附会阴阳五行、谶纬图经、三通三世之说，以维护封建大一统的主张，同现实政治比较接近。在严重的民族危机和社会阶级矛盾的刺激下，翁同龢希望从公羊家的春秋学说中，汲取今文经学的"微言大义"和改革进取的思想，找到社会兴衰治乱的缘由，挽救民族危亡和衰微的皇朝。希望通过进呈和进讲这方面的书籍，启发和诱导光绪帝忧国忧民，有所作为，开创中国历史的新局面。翁同龢崇尚今文经学的政治学术思想，不仅对光绪帝的政治思想的形成有着直接巨大的影响，而且因为与维新领袖人物康有为的政治思想也颇为接近，康有为也是崇尚今文经学的，这就是为什么后来翁同龢举荐康有为、援引维新派，支持光绪帝发动维新变法的原因所在。

翁同龢在给光绪帝开设的课程和开列的课外阅读书籍中，不少是经世时文和早期地主资产阶级改革派的著作和汉译西学著作。其中有贺长龄的《皇朝经世文编初编》，龚自珍、林则徐的著作，魏源的《圣武记》《海国图志》，冯桂芬的《校邠庐抗议》，王韬译述的《普法战纪》，薛福成的《筹洋刍议》，陈炽的《庸书》，汤震的《危言》，黄遵宪的《日本国志》，赫德主持的汉译西书十六种，传教士李提摩太的《泰西新史揽要》及出国使臣笔述记录等。龚自珍、林则徐、魏源等都是近代著名的经世学派代表人物，他们有感于鸦片战争后的变局和现实社会的诸多问题，继承了顾炎武等人经世致用的主张，探求救国救民的真理，倡导学习西方。今文经学派，通常又称常州学派，都是主张经世致用之学。翁同龢与常州学派早有往来，年轻时还受教于常州学派的学者李兆洛和冯桂芬等人。所以，在社会历史的变迁中，在时代风云的激荡下，翁同龢的学术思想也在不断变化。他追踪时代，探索社会，关心现实，修正自己。在同光之际和稍后的岁月里，他阅读了大量经世时文和进步思想家们的著作。此外，他还委托在沪的亲友，为他订购了传教士办的《万国公报》和《申报》，因此，对于当下西方的情况和经世思想家们的见解较为熟悉。他用经世之学来充实自己，对改良思想家改革社会的意见和主张十分赞赏。读《龚自珍全集》，称许该书"洞中切窍"；读《林文忠公全书》，称林则徐"何其伟也"。对于冯桂芬的《校邠庐抗议》一书尤为推崇，誉为"无其匹"之作。冯氏的思想充满了革新意识，与翁同龢的"祛弱扶强、振兴皇朝"的思想产生了共鸣。翁同龢不仅自己阅读这些著作，而且荐呈给光绪帝。希望光绪帝通过这本书"自选、自修、自用"，恢复"三代圣人之法"，"师夷之长，以为自恃"。光绪帝将该书带回宫中，置于案头，且夕诵读，认为书中所论"最为切要"，很有用处，并将书中汰冗员、许自陈、省则例、改科举、采西学、善驭夷六篇抄录装订成册。《校邠庐抗议》一书实际上是洋务运动的理论纲领，对光绪帝的影响很大。后来在戊戌维新中，光绪帝曾下令重新印刷，分发六部九卿和地方上的督抚将军阅读。光绪帝颁发的不少新政谕旨直接源自该书的启示。甲午战争后，随着民族危机的空前严重，翁同龢的思想日益倾向维新变法。这一时期，他又向光绪帝进呈和讲授了许多改良思想家诸如陈虬、汤震、黄遵宪等人的著作，乃至康有为的著作。可以说，光绪帝之所以有所作为，后来能鼓起立志维新变法的思想风帆，掀起轰轰烈烈的维新变法运动都与翁同龢的突出经世思想的教育有关，是翁同龢一手点燃了光绪帝的改革思想之火。

翁同龢从经世思想出发，还积极引导光绪帝关心现实政治，留心中外大势，把书本知识同社会实际结合起来。在入值毓庆宫期间，翁同龢还与众多的洋务官员朱其昂、朱其诏、盛宣怀、徐润、陈树棠、张鸿禄、唐景星以及丁日昌、左宗棠、李鸿章等人，出使人员郭嵩焘、张德彝、何如璋、薛福成、钱恂、杨儒、李凤苞、曾纪泽等和海关总税务司赫德、同文馆总教习丁韪良等保持交往，通过这些交往，他获得了不少关于西方及洋务方面的知识，增加了对西方的了解。然后他又把这些情况和知识反馈到毓庆宫书房，通过聊天，"谈天下事""海外风情"等自由活泼的方式传授给光绪帝。这些介绍引起了光绪帝的好奇和极大的兴趣。为了满足光绪帝的求知欲，他向光绪帝进呈了出国使臣日记和游记。后来光绪帝不以此为满足，干脆请同文馆外籍教师和翻译张德彝为他讲授英文，帮他学习英语。此外，翁同龢还从内阁、军机处借来有关洋务、海防、税务、边务等折件六十多份对光绪帝进行讲解，指导光绪帝学习批阅，启发、诱导光绪帝关心洋务新政和世界形势。他还将自己两次回籍修墓途经上海，在"夷场"（租界）的所见所闻进行介绍。当时，西学被守旧官僚视为"末学"，洋务被视为

"异端""邪恶"，翁同龢在书房内如此大胆地给光绪帝进讲洋务和西学知识是需要有一定的胆识和一股勇气的。

毓庆宫书房一直设有写诗作论课，设置的目的是为了陶冶小皇帝的心情，提高光绪帝的文学、政治修养和分析问题的能力，具体操作与当年弘德殿是不同的。弘德殿的诗作注重风花雪月、草木虫鱼，论题则偏重中国古代政治得失，这对一个年仅十二三岁的儿童来说，未免显得偏深，实际上小皇帝也无法完成，最终大多由师傅们编语成篇。为了把光绪帝培养成一个能力强、有政治敏感的皇帝，翁同龢没有采取这种做法。无论是诗题，还是论题，他十分注意尽可能使皇帝在写作之前了解所写的要求和意思，并注意尽可能与皇帝的社会活动结合。清代自乾隆朝起，逐渐形成了皇帝演耕的制度。演耕的时间多在每年三月。光绪七年，光绪帝第一次主持演耕。演耕这一天，皇帝和亲近王公大臣照例要在丰泽园内举行象征性的播种耕耘，以表示天子对农事的关心。翁同龢就结合这件事，出了《演耕》论题，让光绪帝去做。由于光绪帝亲临其境，所以，写得有声有色，翁同龢给的评语是"尚好"。论题如此，诗题亦是如此。光绪十年（1884）十月，慈禧太后五旬万寿庆典前夕，翁同龢结合光绪帝要出临庆典活动，就指导他写了祝寿诗五首，称颂慈母。诗虽稚嫩，但天真朴实，反而显得可爱，慈禧太后看了很高兴。次年四月，光绪帝在长安道上学习骑马，翁同龢就出了《马赞》的诗题，光绪帝因深有体会，所以，未费多少功夫就写出了四句，结果得了"较顺，甚妥"的评语。

有一次，光绪帝陪慈禧太后到西苑观看王公、御前大臣比赛射箭，翁同龢就出了《西苑观射》的诗题，光绪帝因亲见比射场面，所以，很快写出了七句，结果得了一个"好"字批语。类似的例子还很多。光绪帝后来很爱作诗，在很大程度上与翁同龢的这种指导方法分不开。光绪十二年后，光绪帝基本能不需要师傅的帮助独立写诗作论了。

翁同龢在给光绪帝传授各种书本知识的同时，还注意结合当时中国发生的重大军政外交活动，积极引导光绪帝学会独立思考问题。光绪五年（1879）发生中俄伊犁交涉、日本侵吞琉球、废琉球国为日本的冲绳县等事件，他向光绪帝介绍事情的来龙去脉，均引导光绪帝发表看法。光绪帝后来之所以在政治上比较敏感，是与翁同龢这种教育方式分不开的。

皇帝为一国之君，长大后要治理国政，担负领导亿万人民的重任。翁同龢一心期望光绪帝将来能成为像康熙帝那样的帝王，"敬从光绪当阳日，追溯康熙郅治时"，能文武兼备，雄才大略，力挽大清皇朝的衰朽之势，洗刷自第一次鸦片战争以来多次蒙受的民族耻辱。为此，他在书房内特意安排了有关帝王之学以及中国历史等方面的课程，其中包括清朝开国历史、列圣教谕、历代帝王统治成败得失经验教训等内答。翁同龢认为知古鉴今，读史十分重要。他先后为光绪帝开设了《帝鉴图说》《治平宝鉴法编》《稽古录》《通鉴辑览》《东莱博议》《清朝开国方略》《圣武记》《九朝东华录》《圣祖圣训》《圣祖廷训格言》等。《东莱博议》一书为宋代吕祖谦所撰，吕氏曾任宋孝宗的书房师傅，该书就是他给孝宗讲授《左氏春秋》一书的讲稿。全书四卷，八十六篇，实际是借古鉴今，以讲史来述说他对北宋王朝覆灭的看法。力言一国朝政，有前代所未备的，有超过前人的，总之，事在君为，作为一位皇帝应当志存高远，奋发有为。该书词旨明达，议论新颖，主题明确，文笔雄健，近乎时文，易学易懂。翁同龢进讲该书，目的也很明确，是想通过它们，能让光绪帝借鉴历史上帝王统治的得失成败，将来好好治理国家。《圣武记》出自魏源之手，是讲康、雍、乾三朝的武功。魏源亲历第一次鸦片战争，亲见耆英、伊理布与英军签订城下之盟——中英《南京条约》，对清政府的腐败无能深感愤慨和严重不安。他敏锐地意识到清朝统治必须改弦更张，否则就很难长治久安。他想通过研究清朝开国以来的兴衰历史，找出一些经验教训，再针对当时形势提出切实可行的改革主张。翁同龢讲授该书，也是想让光绪帝了解清朝早期历史梗概，弘扬祖德，继承祖辈艰苦创业的奋发精神，在其任内干一番事业。出于同样的目的，翁同龢在光绪十五年（1889）光绪帝亲政后，进讲了《九朝东华录》。清朝是少数民族满族统治中国，为了皇祚绵长永久，所以，皇帝对子弟的督教甚严。《圣祖廷训格言》《圣祖圣训》等就是为了这一目的编纂的。两书均为敕选，记录了自康熙至道光，历代帝王训诫子弟的言论。内容包括德行、文学、习武、内廷、御下等方面。在进讲中，翁同龢一再告诫光绪帝不忘祖训，振兴基业。光绪帝后来果然不负师傅期望，亲政后实行了一系列政改举措，企图拯救衰危的皇朝。

德教为先

儒家强调学问、事功、道德三者的统一，这一点在毓庆宫书房教育中同样得到了体现。翁同龢认为，作为未来担当领导国家重任的皇帝来说，仅有广博的知识还远远不够，还应具备好的帝德，即天子所应具备的威仪和德性。因此，对光绪帝的道德教育也极为留意。

还在光绪帝启蒙之时，翁同龢就给光绪帝讲解了"帝德如天"四个字。此后，他利用各种典礼活动，多次劝导光绪帝"于学以正心诚意为本，勿视为迂谈"，要他对封建政治道德身体力行，指出一个皇帝在言行举止方面要保持应有的庄重，并结合具体事情，随时随地对光绪帝进行诱导。光绪四年（1878）春，北方久旱不雨，大地龟裂，禾苗枯死。光绪帝率领文武百官在大高殿祈雨。祈祷时，光绪帝东张西望，极不认真。行礼时，步子走得很快，近乎嬉戏。事后，翁同龢对之进行劝导，指出切不可这样。从中可以看出翁同龢对光绪帝的教育抓得很紧、很认真。又如光绪七年，光绪帝第一次主持"演耕"。那天，旗帜招展，田歌悠扬，黄牛青鞭，"农夫"披蓑执帚，大臣站班排队，好不热闹，这是光绪帝在宫内根本看不到的场景，尤其是那"哞哞"的牛叫声，更使他兴奋不已。他又蹦又跳，全然忘记自己的皇帝身份，竟冲到黄牛身边，大喊大叫，如果不是太监上前阻拦，他还真想爬上牛背骑一骑呢。演耕时，他又说笑不停。对此，翁同龢毫不放松，及时劝教："一切典礼当从心上出，否则即虚即伪，而骄惰且生矣。"光绪九年四月的一天，光绪帝与侍从太监"闹气"，竟抓破了那个太监的脸，动手打了那个太监。翁同龢虽然对太监很反感，但在得知此事后，在书房进讲时，对他进行了严肃劝谏，指出此大为不可。光绪帝听后，颇能接受。为了把光绪帝培养成一代"圣主"，翁同龢可谓呕心沥血，付出了巨大的辛劳。

光绪十一年（1885）光绪帝十四岁，成了一个面目清秀的翩翩少年。在翁同龢与其他师傅的辛勤教导下，他成长很快，除了口吃这一先天不足外，无论在哪方面都超过了当年的同治帝。他变得越来越懂事，立志要像圣祖康熙帝那样，当一名有所作为的君主。因此，他读书异常勤奋，每日黎明前就进书房读书写字，一年四季，率多如此。每日自书房回宫后，行立坐卧皆诵读诗书。每年腊月二十四到次年正月初六，师傅放假，书房停课，但光绪帝仍每天进书房看书写字。有时连生病也"读书不辍"。翁同龢为光绪帝的学习精神所感动，在日记中写道："上体犹未平，仍日来书房，勤学如此，非人间所及。"为了满足自己的读书欲望，后来光绪帝干脆将毓庆宫东厢房改为书房兼卧室，自署"妍密书屋"。这一时期，光绪帝读书兴趣甚广，书房开设的课程已远远不能满足他的需求，他不停地向翁同龢和其他师傅索阅新书。翁同龢先后进呈了《史记》《汉书》《资治通鉴》等书。光绪帝甚至将道光帝御书房养正书屋的藏书《道德经》《道德经正解》等数十本书取来阅读。据翁同龢记载，在光绪帝亲政前，其课外阅读的书籍不下八九十种之多。有些书籍因系宫中秘本，甚至连翁同龢也未见过和读过。这些学问为光绪帝日后亲政奠定了基础。

光绪十五年光绪帝十八岁，照中国传统说法，已长大成人。是年，光绪帝亲政。为了感谢翁同龢的培养教育，四月二十七日翁同龢生日这一天，光绪帝特地赏赐他寿匾、对联、一柄金如意，遣使前往翁宅祝贺。翁同龢大为感动，在日记中写道：近来虽是军机、大学士寿辰，也很少有赐送寿匾的，微臣得此，盖异数也。

光绪帝亲政后，毓庆宫书房仍旧保留着。翁同龢同往常一样到书房入值授读，指导光绪帝写诗作论。为了满足光绪帝对西学的探求，翁同龢不断地向光绪帝进呈西学著作和改良主义思想家们的著作。由于师生感情融洽，往往就许多重大朝政问题在书房内"遣膝独对"，这就引起了慈禧太后的不满。当初慈禧太后不顾王公大臣反对，立载湉为帝，就是为了继续控制朝政；而选择翁同龢为光绪帝师，是要翁同龢将光绪帝训练成一个听命于自己的傀儡，而不是一个有理想、有抱负的皇帝。后来，光绪帝虽说亲政，但实际上朝政大权仍牢牢地掌握在慈禧太后手中。于是，出于对翁同龢的愤懑，慈禧太后遂借中日甲午战争翁同龢支持光绪帝主战、反对她主和，于光绪二十二年（1896）下令将书房裁撤；二十四年又借翁同龢支持光绪帝变法,下令将其开缺回籍;戊戌政变中,又将其革职永不叙用,对他进行政治清算,彻底否定他在毓庆宫为培养光绪帝所做的一切。然而历史真实地记录了翁同龢对宫廷教育所作的贡献,这是慈禧太后无法否定和抹杀的。

第 5 章

职管多部

光绪初年，翁同龢在入值毓庆宫，授读光绪帝期间，还先后供职刑部、工部、户部、国子监等衙门，参与有关杨乃武冤案的审理，支持轮船招商局开展业务，参与会商收回伊犁的中俄交涉和中日有关琉球问题的交涉以及振兴文教、扶持太学等活动。

为杨乃武冤案平反昭雪

光绪元年（1875）八月，刑部右侍郎钱宝廉调任顺天学政，谕旨命翁同龢署理刑部右侍郎。

刑部是清朝六部中的一部，类似于今天的国家司法部。它和大理寺、都察院合称三法司，直属皇帝。刑部职掌法律、法令的公布，案件的弹劾、批复、评议，以及监禁、徒刑的组织，等等。此外，对于大理寺和各省向皇帝报告的重大案件的评议，它有抑止、弹劾和批复的权力，所以，它还有一部分干预、分担审判的权限。刑部认为有出入、怀疑的案件包括死刑在内，有权驳回，责令重审或改判。因此，它是清朝六部中一个比较重要的部。翁同龢对刑部并不陌生，在状元及第前，曾在刑部江西司任职七年。虽然官职卑微，但懂得不少法律方面的知识，而且对刑部内幕有着较多的了解。

翁同龢到任后，首先来到秋审处，调阅了《秋审不符册》和《堂议秋审不符册》。翁同龢边看边记，遇到怀疑之处，一一夹上黄签，以待与其他同僚一起会商研究。刑部下设十七个清吏司，分别掌管十七省所属刑名。他调阅了各司掌握的案犯材料，前后足足花了十多天才把它们看完。

翁同龢在查看各司档案材料时，发现各省所报材料极为紊乱，对于量刑也未能一律。同样一种类型犯罪，各地判决就有轻重之别。翁同龢认为这样做对办案很不利，不仅易生舛误，而且也不符合法律规范。因此，他建议创立一表，以罪名为纲，附以各省所办案例，庶几少犯错误，后来各清吏司基本上采纳了他的这个建议。

清代的监狱特别黑暗。狱吏敲诈勒索，对犯人随意鞭笞拷打，无所不用其极。犯人苦不堪言，因此，越狱逃跑事件经常发生。翁同龢上任未及一月，就先后发生狱囚逃跑事件七起。翁同龢认为狱囚逃跑的原因是防范不严和对狱囚过分残暴所致。他建言采用奖励办法，提高狱吏的薪俸，以增强他们看管的责任心。建议改善犯人的待遇，严禁对犯人滥施刑法。他的建议得到其他堂官的赞同。

翁同龢在署理刑部侍郎期间，做了不少工作，但其中最有影响的就是当时轰动全国、百余年来家喻户晓的杨乃武与小白菜冤案的平反。

浙江省余杭县（今属杭州市）城厢镇有一个豆腐店的帮工葛品连（一写葛毕连），同治十二年十月初十（1873 年 11 月 28 日），由店返家，途中买粉团吃，吃后当即呕吐，回家后便倒床而卧，大喊发冷。又以体虚气弱，需服东洋参、桂圆汤，令其妻葛毕氏去买。葛毕氏本名毕秀姑，容貌秀丽，皮肤白皙，平日喜穿一件绿色衣服，系条白色围裙，因此，街坊的浮浪子弟给她起了个绰号，叫"小白菜"。葛毕氏刚欲出门买药，忽听见丈夫喉咙作响，急忙上前察看，见葛品连口吐白沫，言语不得，大惊失色，随即喊来邻居王心培、婆婆葛俞氏和自己母亲毕王氏，并连夜延医，确诊为痧症。因医治无效，于次日去世。

葛品连身体肥胖，又因天热，尸身尚未掩埋，就已开始腐烂，口鼻中流出少量淡红的血水。葛品连的干娘冯许氏见状，认为死得突然，尸体怪异，事有可疑。葛母本知儿子因痧而死，这时听后竟然觉得"有理"，又见死去的儿子面部青紫，臆想可能中毒；加上平日就不满儿媳行为，一直怀疑儿媳与原来邻居、新科武举人杨乃武行为不轨，这时越发怀疑可能是儿媳谋杀亲夫，便以儿子死因不明，呈诉余杭知县，鸣冤请检。

知县刘锡彤平日居官贪敛，曾因浮收漕粮被杨乃武"揭发控告"，因而对杨氏衔恨在心，伺机报复。一个"怀疑"，一个要伺机"报复"，于是导演了一场悲剧。知县认定奸夫淫妇不打不招，实行严刑逼供，而后又根据刑讯所得的逼供上报府、省。杨氏、毕氏虽多次"翻供"，承认自己是畏刑乱供，但府、省也是一味地严刑拷打杨氏、毕氏，并以"案情确凿，无冤无滥"上报刑部。杨乃武的姐姐杨菊贞、妻子杨詹氏先后两次进京，向刑部、都察院、步军统领衙门投递冤单，并向在京浙籍官员诉说冤情，遂引起京内外广泛注意。御史边宝泉、浙籍京官汪树屏等三十多人先后上奏，指出浙省审理杨乃武一案，省、府、县三级七审七绝，都是严刑逼供，屈打成招。弹劾巡抚杨昌浚复审"杨案"粗率马虎，草菅人命，欺罔朝廷，要求朝廷派令刑部官员"复鞫"重审。慈禧太后改派浙江学政胡瑞澜复审，胡氏也是一味严刑逼供，杨氏、毕氏受刑不过，只得照原供诬服。胡氏以原审无误复奏。慈禧太后下令刑部再行复议定案。正好这时翁同龢接替钱桂森，调来刑部。

　　翁同龢在审阅"杨案"时，发现有多数"疑窦"，如知县刘锡彤之子刘子翰奸污毕氏的问题，所谓杨乃武与葛毕氏通奸的时间、杨乃武"购买"砒霜的时间与药房老板"无出证"等问题，不是一事有多种说法，就是前后有矛盾。他认为这些问题都是定案的关键情节，但浙省在复审时均未加以查证，认为一案"如此紊乱歧异，此中大有蹊跷"。他又调阅杨菊贞的上控材料，益发认定"杨案"有疑。在他的坚持下，并由他亲手草拟，刑部上了一道奏折，指出"杨案"目前还不能定案，要求饬令浙省就原审与复审中的"歧异之处，再行讯取详细供词，声叙明晰，妥拟具奏"，而后"再由刑部核议"。

慈禧太后批准刑部的请求，谕令将"杨案"中所有"人犯"、人证及承审官员一并提京，由刑部亲自审讯。光绪二年（1876）1月19日，刑部在京师海光寺当众"开棺验尸"，对葛品连的尸骨进行检验，结果证明葛氏并非中毒，而是因病而死。

杨乃武、葛毕氏的"冤诬"真相大白，理应平反，但以四川总督丁宝桢和刑部皂保、桑春荣等人为代表的一部分官员仍坚持认为浙省地方官"没有过错"，认为这个案子若翻了，以后"没人敢做地方官"，坚决反对平反。皂保、桑春荣甚至指使浙江司严审杨、毕二人，"强令"他们"供出奸情"。翁同龢这时虽早已离开刑部，但他认为案子既然弄错，就必须纠正。他和侍郎夏同善、张家襄等坚决要求平反。在慈禧太后召见时，翁同龢曾两次为此陈奏，陈述平反的利害得失，与世道人心关系极大。慈禧太后在权衡利弊之后，最终采纳翁同龢、夏同善等人的建议，于光绪三年颁谕，将案内承办官员自杨昌浚以下，分别给以革职、充军处分。至此，长达三年之久的"杨案"才得以平反，杨乃武、葛毕氏的不白之冤得到昭雪。

光绪五年年初，翁同龢被命为刑部尚书。这次在任虽只有短短五个月，却有颇多作为。当时，刑部各司办事作风拖拉，个别司员贪赃枉法，收受贿赂；以权谋私，时有所闻。他到任后，首先对部务进行大力整顿，撤换和查处了一些声名狼藉的司员、主稿，对各司提调进行适当调整。经过整顿，刑部日常行政的面貌有了很大的改变。对于一些有碍办案的条文律例，经奏准，他进行了修订。当时，死刑执行的名目繁多，手续极为烦琐复杂。一个死囚从押解到执行，前后要经过提牢厅、承办司主稿验身、提调、部堂官等部门负责人签名，尤其是押解地方上的"决犯"来京，既需时日，道途又不安全。对于这些，早有人要求建议修改，但始终未能做到。翁同龢到任的第二个月，经向慈禧太后面奏，对死刑执行手续进行简化，规定以后地方上的死囚、决犯如无特殊情况一律改为就地正法，不必槛送京师。秋后处决的人犯，执行时，只要提牢厅签字、验明正身，部堂官到场，即可执行。

光绪初年，社会上盗风甚炽，大规模的团伙盗窃案件特别多。对于团伙盗案的罪犯，不论主犯、从犯或胁迫者，一律按律治罪。翁同龢认为这种不分轻重、主从的判罪方法不利于分化瓦解团伙、根治盗风。主张应严定主从界限，实行宽猛相济的方针，对于团伙盗案的主犯应当从严从重，依附者从轻，胁从者不问。他将自己的这些想法写成奏折，得到慈禧太后的批准。在这次担任刑部尚书任上，他还一手了结了山东峰县知县朱永康报复杀人案。这是一件大案，拖延多年。朱氏贪酷成性，高文保对其不满，于是朱氏雇人将他杀死。这起报复杀人案，事实清楚，但因朱氏背后有大员为其撑腰，一直未能将朱氏绳之以法。翁同龢到任后，亲自审理，在他的坚持下，朱氏最终以报复杀人罪被处死。在办理重大案件中，处处体现了翁同龢"慎杀好生""惜民""法不阿贵，贵贱同法"和求真务实的精神。

参与会商收回伊犁的中俄交涉

刑部事务繁难，翁同龢又要授读光绪帝，精力严重不济。相对六部中的其他五部来说，工部事务较为轻简。经慈禧太后谕准，光绪五年（1879）改任工部尚书。

翁同龢在工部尚书任上，与工部其他堂官一起修改工部则例。可以说，他每到一个衙门任职，都要兴利除弊。则例就是各部办事的准则，按规定，随着形势的变化，应适时地加以修改。但工部则例自道光初年后未曾修改过，许多内容早已陈旧过时，无法遵循。如木质计价、兵船造价，今昔木价不同，如今修造西式船舰，如何估价？工部则例并无规定。又如旧式禁军八旗营房围墙，昔用木栅，今用水泥砖块，如何估价？则例亦无规定。翁同龢认为则例应随时势的变化而修改。他广泛征求各堂司主稿意见，对工部则例进行了一次修改，删去了不合时宜的条文，增加了新的内容。新的工部则例得旨允行。

翁同龢在工部尚书任上，还奉旨参与会商收回伊犁的中俄交涉。

同治三年（1864），新疆少数民族地方势力起兵反清，此后清政府暂时失去了对新疆的控制。还在新疆反清事变发生不久，沙俄就派兵强占了霍尔果斯河以西的中国卡伦，进而控制了伊犁河上游的特克斯河谷。阿古柏占据新疆后，沙俄又打着"保护中国利益"的幌子，于同治十年武力强占伊犁。当时沙俄"估计"清政府已不可能恢复在新疆的统治，所以，在强占伊犁时，又假惺惺地表示："一俟关内外肃清，乌鲁木齐、玛纳斯各城克复后即当（将伊犁）交还（中国）"。光绪二年（1876），左宗棠统率湘军很快平定了天山北路，先后收复了乌鲁木齐、玛纳斯等城。于是便根据沙俄当年的承诺，要求沙俄归还伊犁。但沙俄制造种种借口，拒不将伊犁归还中国。光绪四年，左宗棠的军队进至伊犁附近，清政府又一次要求沙俄归还伊犁，沙俄仍旧故意拖延，不肯归还。

　　同年九月，清政府派遣总理各国事务衙门大臣、吏部右侍郎崇厚为全权大臣，前往俄国进行收复伊犁的谈判交涉。崇厚在沙俄的玩弄下，于次年九月同沙俄签订了丧权辱国的《里瓦几亚条约》。根据这个条约，清政府只收回伊犁部分地区，沙俄不仅侵占了霍尔果斯河以西以及特克斯河谷一带地区，而且还勒索中国白银二百八十余万两。此外，还取得了在松花江等水陆交通航行权和在乌鲁木齐、嘉峪关、张家口、汉口设驻领事等种种特权。《里瓦几亚条约》内容传到国内，引起朝野震惊。光绪六年十二月，慈禧太后以崇厚"违训越权"，将其革职拿问，交刑部议处。同时改派驻英公使曾纪泽兼任驻俄公使，对俄重开谈判。任命翁同龢、潘祖荫会同恭亲王、醇亲王、惇亲王随时处理谈判的往来文移，参与对俄谈判交涉。

中俄重开谈判后，曾纪泽要求俄国归还伊犁，嘉峪关不设领事，喀什噶尔早已划界无须再议改约，遭到俄国拒绝。谈判中，沙俄还一再以武力相要挟。面对沙俄的蛮横态度，翁同龢在御前会议上，提出"和局万不可破，武力万不可缓"的意见。认为"言战非难"，关键在有备。若准备开战，天津、山海关、旅顺口等处均需设防。只要上下一心，意见一致，即能获胜。根据御前会议，清政府决定备战议和并行，命令左宗棠来京，共商战守机宜。下令筹备东三省防务，任命穆善图督练防军；命令驻守新疆的西路军刘锦棠作好开战准备。

沙俄见中国方面积极备战后，表示同意与中国谈判。但在谈判中提出让中国难以接受的苛刻条件，因此谈判极为艰苦。对曾纪泽以及翁同龢、潘祖荫和三亲王而言，都是如此。有凡王公大臣的奏疏、说帖、节略，曾纪泽的电奏，先由翁同龢、潘祖荫分别阅看，将其主要内容录出，与三亲王商讨，然后写成奏片，请旨定夺。曾纪泽与沙俄谈判情况瞬息万变，需要朝廷随时定夺。因此，阅看折件，草拟奏片，不仅责任重，而且精力高度集中，十分劳累。时值初春，春寒料峭，气候寒冷。翁同龢、潘祖荫常常是刚脱衣入睡，军机章京叩门而至；或是宫中苏拉前来传旨，便需即刻穿衣坐轿，冒风冲寒入宫。在致侄孙翁斌孙的一封信中说："时势艰难，家事已置之度外矣。"

中俄交涉集中于水陆航运通商、领土、设驻领事、兵费和所谓补偿等问题。对于俄国商船在松花江上航行一事，翁同龢认为可以接受，但汉口、西安通商，"关我中原大势必当争"。

对于领土，翁同龢坚持要求俄国"归还"特克斯河谷一带，要曾纪泽在谈判中"坚守勿动摇"，切勿"轻许"。对于设驻领事，张家口俯背京师，嘉峪关地属腹地，不应同意。至于兵费，翁同龢认为中俄并未开战，若给兵费，"恐为各国所笑"，认为谈判中必须予以驳斥。对于所谓补偿，翁同龢认为所指不明确，必须搞清楚。他代拟电旨："若伊犁全境见还，并松花江、西安、汉口如我约，则连前项所索，可行。"为了挽回更大的损失，翁同龢认为作出适当的补偿是可以的。

当时，国际形势和俄国内形势都对沙俄不利，沙俄在欧洲十分孤立，国内则危机四伏，发生了多起暗杀沙皇的事件。俄土战争造成国内财政极度困难，沙俄也急于早日了结伊犁交涉。又见中国陈兵备边，做好了应战准备，遂决定放弃部分勒索，准备归还伊犁以换取"另一笔补偿"。光绪六年十一月，沙俄向曾纪泽提出最后通牒，大旨为：清政府批准《里瓦几亚条约》，以全其颜面；若中国同意增加赔款，特克斯河谷不致控挖；松花江专条作废；西安、汉口通商可删；领事只设嘉峪关、吐鲁番两处；至于塔尔巴哈台和喀什噶尔划界在"明（代）、崇约之间"。沙俄表示，这是最后的要求，中国若不答应，中俄交涉就"决裂"。

翁同龢、潘祖荫和三亲王讨论了曾纪泽的电文。翁同龢认为根据俄国的最后通牒，崇厚擅自允许俄国的不少内容已经取消，俄国的要求大体可以接受。至于《里瓦几亚条约》，"批准只是虚名，专条所争乃是实际"。潘祖荫与三亲王基本上也持类似的看法，而慈禧太后则认为曾纪泽能争到这种程度基本上达到了朝廷改约的目的，表示俄国的要求可以接受。谕令翁同龢、潘祖荫与军机大臣共同缮拟电旨，令曾纪泽立即在条约上签字。同《里瓦几亚条约》相比，《伊犁条约》虽然也是一个丧权辱国的条约，但毕竟争回了不少权益。

参与会商中日琉球问题交涉

翁同龢在担任工部尚书期间，还奉旨参与中日琉球问题交涉活动。

琉球群岛介于中日两国之间，自明代洪武元年（1368），琉球王察度以中山王的名义向明朝上表称臣，恭奉中国正朔，定期朝贡，此后一直受中国皇帝册封，称为属邦。为了便于中琉之间的交往，明清两代均将琉球的朝贡事务交由闽浙总督具体负责，并在福州设立琉球馆。为了帮助琉球国民从事各种工艺制造和农牧业生产，又迁七十二姓前往琉球。但琉球在地理上又与日本靠近，日本对其早存吞并之心。1868 年日本明治维新后，对外实行侵略扩张政策，琉球首当其冲成为日本侵吞的对象。同治十一年（1872），日本明治天皇下诏废琉球国为日本的一个藩，改琉球国王尚泰为藩王。次年又置琉球与日本府、县同列，受辖于内务省，租税纳于大藏省。同治十三年，日本借口台湾高山族牡丹社杀死琉球船民，悍然出兵侵略我国台湾。在事后中国同日本签订的台事专条中，日本获得了有关

"台湾生番曾将日本国属民等妄为加害"字样，作为琉球属于日本的"字据"，趁机在琉球设置镇台分府，推行日本现行制度，中止琉球同中国的往来，撤销在福州的琉球馆，宣布今后琉球同中国的交涉，统由日本外务省处理。

日本吞并琉球的举措使琉球君臣大为惊恐。光绪二年（1876），琉球国王秘密派遣幸地亲方（尚德宏）、蔡大鼎、林世功等渡海来华，到福州后会同琉球进贡正使毛精长，向总理各国事务衙门提出请愿书，抗议日本吞并琉球，要求清政府采取有效措施，保存琉球国体，恢复旧制。光绪三年，清朝驻日公使何如璋抵达日本神户，琉球国大臣马兼半夜来到使臣船上，伏地痛哭，拿出琉球国王密函，函中称日本阻止琉球向中国朝贡，且要废藩，终必亡国，请求中国救援。琉球问题遂成为中日间的重大交涉问题。此后琉球国王尚泰秘密遣使来华求救不断。据日本学者赤岭教授统计，自 1879 年至 1885 年，琉球使臣曾分别向清朝总理各国事务衙门、礼部和李鸿章、左宗棠、许景澄、锡珍等清朝官员呈递请求援助书二十多份，强调除宗主国直接介入外，别无其他解决的良策。琉球使臣林世功甚至以死报国，请求清朝挽救琉球。

清政府认为琉球向为中国属国，若坐视不救，非但为清议所不容，而且担心会引起其他属国萌生背二之心，遂于光绪三年六月训令驻日公使何如璋对日进行交涉。其实驻日公使署在接到琉球国王求救信后，就力主对日本采取强硬政策。何如璋向总理各国事务衙门提出上、中、下三策。上策是派遣兵船

"责问"琉球何以不朝贡,示日本以必争;中策是据理言明,约琉球,合其夹攻,示日本以必救;下策是对日交涉,辩论曲直,日本若不听从,则援照万国公法"以相纠责",或约请各国公使"与之评理"。总理各国事务衙门咨询直隶总督李鸿章对何氏意见的看法,李鸿章直言何氏的上、中两策皆"小题大做",认为琉球以黑子弹丸之地,孤悬海外,远于中国而迩于日本,中国受其朝贡本无大利,若受其贡而不能保其国,固为诸国所轻;若再以威力相角,争小国区区之贡,亦属无谓。他主张采用何氏下策。总理各国事务衙门遂照李氏意见训令何如璋对日交涉。光绪四年八月,何如璋向日本外务卿寺岛宗则就日本阻挠琉球向中国朝贡一事,提出口头抗议,寺岛态度蛮横,双方几经交涉,毫无结果。

光绪五年三月二十五日,慈禧太后在养心殿东暖阁召见翁同龢,询问他对琉球交涉一事看法。翁同龢指出日本阻止琉球向中国进贡,旨在灭球祀,削我中华外藩。琉球既灭,势必行及朝鲜,况琉球与台湾相近,琉球灭,则台湾、澎湖将求一日之安而不可得。因此,他主张力争。第二天,慈禧太后谕令翁同龢、潘祖荫会同恭亲王、醇亲王、惇亲王一起就琉球问题如何交涉进行磋商。总理各国事务衙门出面同日本新任驻华公使宍户玑就琉球一事进行辩论。宍户玑以事属内务省,不属外务省,自己不知情,拒绝理会。此后,李鸿章又请来华游历的美国前总统格兰忒从中调解,也无结果。

日本明治维新后,急欲打开中国市场,获取西方列强通过对中国发动侵略战争所得到的那些侵略特权，企图借琉球问题同中国讨价还价，修订新的中日通商条约。同年十月，日本汉学家竹添进一（光鸿）受日本外务省授意来华，向中国提出分岛改约说：表示日本愿意将琉球群岛南部与中国台湾临近的宫古、八重山两岛划归中国，以立两国疆界。条件是中国须将同治十年（1871）中日订立的《修好条规》加以修改，添入"利益均沾"一条，便于日商也可以享受英美法等国商人在华的"同等待遇"。

翁同龢、潘祖荫和三亲王以及总理各国事务衙门大臣在弄清琉球群岛的地理分布后，由总理各国事务衙门出面，向日本驻华公使宍户玑提出琉球三分说：北部诸岛划归日本，中部列岛存球祀，南部各岛划归中国，但对日本所提改约一事则表示保留。中国的这一提案遭到宍户玑的拒绝。

中日琉球问题交涉不久，中俄伊犁交涉发生，沙俄军舰在日本长崎海面集结，加煤添水，购买各种物资，对中国进行施压。以詹事府左春坊左庶子张之洞为代表的一部分官员，认为日俄勾结，于我不利。主张"联日拒俄"，迅速了结琉球交涉，修改友好条规，可允早允。张氏的意见实际上是主张承认日本强占琉球这一既成事实。以翁同龢为首的一部分官员则主张分岛"存球祀"、改约。在慈禧太后召见时，他说：琉球问题交涉，"自以存球祀为正理，修约需慎重"。宫古、八重山两岛虽属荒瘠，要可借此存球祀根本，况揆诸目前情势，中国若拒日本太甚，日本必结俄益深，此举既已存球，并已防俄，未始非计。慈禧太后也认为这一意见有一定道理。即令总理各国事务衙门照日本方案同日本议结，与宍户玑议定专条，将琉球群岛南部的宫古、八重山岛划归中国，修改中日"条规"，添加"利益均沾"条款，允许日商在中国内地经商等。

中日分岛专条议结后，以詹事府右春坊右庶子陈宝琛为代表的一部分官员表示不满。指出日本吞灭琉球，理应兴师伐之，总理各国事务衙门不应以两岛延球祀，原先的中日条规不应轻易更改，尤不应许以"利益均沾"。对日本步西方后尘，侵吞我藩属，把侵略势力伸入我国表示强烈不满。翁同龢、潘祖荫与三亲王奉慈禧太后谕旨对陈宝琛折进行复议，就在此时，内阁学士宝廷也上了一折，主张对日本提出的分岛改约说采取"延宕"，认为日本分岛改约之说，究其本心，不过以两岛"饴我"，达到改约目的，而改约的要害是想获得"利益均沾"。

由于王公大臣意见不一，慈禧太后仍令王公大臣"再斟酌定议"。不久，张之洞又上了一折，全折以联日为主旨，提出"与商务无大损者可允，两岛不足存球祀，宜俟俄议定后，再与细议，倘若日本为此而动干戈，不妨严谕沿海各省戒备"等意见。在公议张之洞奏折时，翁同龢陈述三大弊端："倭与俄相首尾，俄议未定，倭计宜防，一也；倭患起，则东南无宁岁，台湾首当其冲，兵饷两难，二也；此议由总署、王公大臣议定，未便反复，但也未可骤允，宜采用延宕一法，三也。"为了实现"延宕"之法，翁同龢还提议将分岛改约的意见发交沿江沿海各省督抚和左宗棠等人复议，复议需时，认为待到各地复议到齐，至少在数月后。如此则不言延宕，而延宕已在其中矣。果然，待到各省督抚议复球案折到齐，已是次年正月了，中间相隔四个多月。日本驻华公使宍户玑以中国一再拖延批准，分岛改约遥遥无期，遂愤然回国，中日琉球问题交涉终成僵局。

宍户玑回国后，慈禧太后唯恐日本采取新的外交行动，令翁同龢、潘祖荫、三亲王筹商对策。翁同龢亲拟奏片，首先指责宍户玑不俟中朝批准，率先回国，为彼自弃前议，分岛改约之事未成，责在日本；次拟饬沿海各省设防；终则提出俟左宗棠抵都再议。光绪七年（1881），中俄伊犁交涉了结。正月，左氏到京。清政府根据左宗棠的奏议，谕令沿海沿江各省备防。此后清政府再也未议及球案，而在日本方面，有见中俄伊犁交涉结束后中方不复再议及球案，且琉球早已收入日本"囊中"，所以，也不再向中方提议此事。一场旷日持久的中日琉球问题交涉就这样不了了之。具有悠久历史的琉球古国就这样被日本吞灭了。

公拨民助弘扬文教

光绪年间，翁同龢还兼管国子监事务。为了振兴文教，他向社会各界募集经费，共同办好太学。他的公拨民助，社会集资办学的主张，构成了他教育思想的另一个重要内容。

道、咸以后，国家多故，财政匮乏，为了筹集镇压农民起义的战费，清政府一再削减教育经费，待到同、光之际，军务虽平，政府又借口百废待举，国家无钱，仍是把教育看成"不急之务"，以致官学废弛，教育萎缩。以太学国子监为例，因经费乏绌，修理无资，"学舍倾圮"，教习薪俸微薄，难以赡家糊口，学生因贫不能住学，乃至弃学。八旗官学其时也隶属国子监大臣管理，其情形比国子监还要糟糕，学生大多不入学。至于地方省、府、州、县的书院、学塾也因经费奇绌，荒拓不堪的更多。"治国以教化为先，教化以学校为本。"要振兴文教，必须整顿和恢复各类学校，而解决问题的关键首先是要解决教育经费问题。

光绪八年（1882），翁同龢与国子监祭酒盛昱、吏部尚书恩承等奉旨查勘官学废弛情况后，联衔向慈禧太后呈递了一道《复陈官学情形折》。折中在分析官学废弛原因之后，向西太后提出了兴工作、筹款项、用人员、议章程等四项整顿官学的意见和建议。筹款项就是筹集教育经费。翁同龢等指出：在四项建议中，"筹款项实为第一要义"。因为经费不解决，其他三项均无法解决。他说：经费无着，校舍就无法修复，学生、教师的窘困境遇根本无从改变，而这两个问题不能解决，"则教习不能应官，学生不能应课；教习不应官，学生不应课，即遽行加派大员专管学务，亦难行不养之教而为无米之炊"。根据翁同龢等人的估算，仅修整太学和八旗官学，至少需银八十万两，这对财政困难的清政府来说，是一笔不小的数目。

同年 6 月，翁同龢与大学士宝鋆、协办大学士李鸿藻、礼部尚书徐桐、户部尚书麟书就"筹经费"一事进行磋商。会上，他提出公拨民助、社会集资办学的主张。所谓公拨就是由政府从田赋厘金中抽调数十万两作为修建太学、八旗官学的费用。不足部分由"民助"，从民间集资。会议大臣一致同意他的这个意见，并经奏准，由他经办。

凭着熟悉的人际关系，翁同龢先后通过两江总督兼南洋大臣左宗棠、刘坤一、四川总督刘秉璋、陕甘总督谭钟麟、云贵总督岑毓英等人募集到数万两。仅刘坤一一人就从两江储材馆经费项下拨出一万两。此后，翁同龢又仿照广东学海堂、应元书院、四川锦江书院的做法，将这些捐款发商生息，以息银充作生员膏火经费，并责成国子监司业王先谦具体负责此事，此外，他还将国子监补贴他的每月十两膏火银交王先谦保存，作为年终岁考奖励优秀生员的基金。

鉴于八旗官学人数多，现有校舍不敷资用，而扩建学舍一时还不可能，翁同龢经奏准采用民间义学的办法，饬令各旗将闲置公房改为义学，作为学生宿舍，又将官学生分为到学（住校）、不到学（走读）两种，凡是家中经济条件好、住房宽裕、聘有师傅的官员子弟，在挑补之后，可不必到监，在家读书。他们被"截留"的膏火由学校统一安排，"匀给在校生作为津贴之用"，少量作为岁考奖学金。由于采用公拨民助、社会集资，使光绪初年官学废弛的情况有了好转。光绪八年（1882），国子监校舍重新进行了一次大的维修，景山、西山等八旗官学又先后恢复起来。在京城的带动下，各地方的书院也纷纷仿效京师公拨民助的办法，从社会上集资，恢复和兴办起来。可以说这是翁同龢兴办教育的成功经验，具有不可忽视的意义。

奏请将黄宗羲顾炎武从祀京师文庙

汉代罢黜百家、独尊儒学，孔子被尊为文宗。唐代贞观之后，统治者为了倡明文教，尊孔子为至圣先师，并于春秋两季行祀礼。此后历代封建王朝相沿不改，在县、府、省治所在地及京师都修建孔庙，供奉孔子牌位，春秋两祀，祝拜致祭。此外，还将对儒学教义有所阐发倡明的学者书之牌位，升附学宫，一并加以供奉。何人可以供奉，何人不可以供奉，当然根据统治者的需要，但它在士人眼里，却是一件十分神圣而又严肃的事情，因此，常常为之发生争论。光绪初年，清朝学术思想界围绕着黄宗羲、顾炎武、王船山能否从祀京师文庙一事发生了一场旷日持久的争论，实际上也是一场政治辩论。在这场关乎学术人心导向的辩论中，翁同龢旗帜鲜明地请旨要求将黄、顾从祀文庙。

明朝灭亡后，许多学者痛定思痛，把国家灭亡的原因归结为空谈性理的道学，认为国家的灭亡是学者、社会的耻辱，于是抛弃明心见性的空谈，倡导经世致用的实学。黄宗羲、顾炎武、王船山、朱舜水等人是其代表。他们都一致强调学者对社会的责任，提倡质朴的文风，强调有裨社会实际的学问。由于清朝推行高度的文化专制政策，他们在政治上无法实现自己的这一抱负，不得不转向对学问的研究上，他们埋首古籍的整理考订训诂，以求实为指归，为政治而做学问，梦想通过他们经世致用的学术思想来改变学风，以收将来的效果，他们被称为经世致用派，他们的学问则被称为经世致用之学。

乾嘉年间，汉族地主官僚士大夫为逃避政治迫害，仍大多从事古籍整理、训诂和注释。顺康年间出现的经世之学此时发展演变为考据学。考据学对整理我国古代文献典籍，推动我国文化学术事业的发展起了很大作用，其严谨求真求实的学风和研究方法至今仍不失其科学价值。但这种把大量精力埋首于古代文献的整理，往往又造成士人对现实社会缺少关注，或者说漠不关心。随着鸦片战争后社会矛盾和民族危机的加剧，它越发显得不合时宜，而为人们所指责，也引起了一部分官僚士大夫的严重不安。他们忧心时事，注意社会问题，并对社会政治发表看法。嘉道年间，在江南，翁同龢所在的苏常地区，出现了研究《公羊》学的今文经学派，他们重新祭起黄、顾等人的旗帜，想重建顺康年间的经世致用之学，龚自珍、魏源就是这种精神的代表。这种精神和文化学术思想导向滋润、哺育、影响了一大批后起的年轻学者，翁同龢、潘祖荫就是这许许多多人中的两个。他们崇拜黄、顾，追慕龚、魏，以经世为己任。咸同二十多年中，清王朝再遭厄运。经过太平天国、捻军起义，以及第二次鸦片战争，统治大为削弱，直到光绪初年才得到喘息之机。然而经过近半个世纪的天下扰攘，中国学术界已是"乾嘉诸老风流尽,文化学术倍凋零"了。

　　光绪初年,清朝统治者谋求社会秩序的恢复重建,力图摆脱严重的统治危机。当时学术思想界,汉学考据、理学说教盛行,外来的西学渐呈"日日向上"之势。究竟采用何种学术思想,统治者内部存在严重分歧。以翁同龢、潘祖荫、陈宝琛等为代表的一部分官僚,认为当今之世,义理之学固然不可弃之不讲,但新法势在必行。他们反对泥古,主张不俗;反对守旧,主张变古通今,经世致用,对西学和开展的洋务新政持承认、接受、实行的态度。洋务官僚强调"洋为中用",而他们更多的是强调"古为今用",推陈出新,在维护封建统治这个大目标上是一致的。他们从这一观念出发,推崇黄宗羲、顾炎武等人,认为他们的经世主张最切当今现实,在今天"最关乎时政"。认为二百多年来将他们冷落是没有道理的。他们的学术思想、经世主张,应当大大弘扬。还在道光年间,与翁同龢、潘祖荫持相同观点的何绍基、潘曾莹等人就集资在京师慈仁寺旁修建了顾祠,每年春秋两祭。翁同龢、潘祖荫入仕后,也先后加入致祭的行列。与翁同龢、潘祖荫等人思想主张相反,以徐桐、李鸿藻等人为代表的一部分官僚,在慎守笃行祖训的口号下,主张复旧。他们坚持宋明理学,强调"格物致心",认为纲常名教为治国之大经,切不可弃之;主张恢复被破坏无余的纲纪,以此收拾人心。从这一立场出发,他们标榜程、朱,褒扬阳明(王阳明),贬斥黄、顾,抵制西学,反对洋务新政。他们双方形成了尖锐的对立。有关黄、顾能否从祀文庙的争论就是在这一背景下展开的。

光绪十一年（1885）十一月，江西学政陈宝琛以黄宗羲、顾炎武"家传忠孝，学有渊源，博淹通贯，为一代儒宗"呈折，奏请将两人从祀文庙。廷旨发交大学士、六部九卿、翰詹科道会议讨论。翁同龢完全赞同陈宝琛的意见，他认为黄、顾两师原本忠厚，实事求是，其生平学术著于国史、彰于记载，服于天下学士大夫，将他们从祀文庙，当之无愧。他与潘祖荫、毓庆宫行走孙家鼐和孙诒经及国子监祭酒盛昱等联衔上了一道《遵旨会议黄宗羲顾炎武从祀文庙折》，以黄、顾"卓然为世大师，其学经世致用，开启来世，有传经之功，卫道之力，崇正抑邪之实效"，陈宝琛奏请将他们从祀文庙，诚属盛举，表示赞同。但在内阁会议时，徐桐以黄、顾"仅著述家言，并无躬行实践之语"，并引用钦定《四库全书提要》中有关对黄、顾著作一二处批语，作为例证，指出两人学术"不醇"，抓住陈宝琛折中"宗羲倡于前，炎武继于后"，指责陈氏"不明学术"而大加驳斥。会上，李鸿藻也发表了类似的看法。由于徐、李以及满族大学士额勒和布、恩承等人反对，此奏折未能通过。

内阁会议后，翁同龢、潘祖荫认为徐桐等人仅以《四库全书提要》中批评黄、顾著作中一两个不足之处，进而否定将黄、顾从祀，毫无道理。他们感到在学术空疏、道德沦丧、世变之亟的今天，阐扬朴学、提倡黄、顾先贤们的经世思想太重要了，于是再次联衔于次年二月，又上了一道《遵议先儒黄宗羲顾炎武从祀疏》。疏中陈述：一、有清一代，经师辈出，诸经虽各有专家，但无一不是黄、顾两儒的遗绪，都是继承和发扬了他们的学术思想。两儒迄今著述炳在人寰，传授既繁，渊源有在，是凡读其书、习其言者，皆以两儒为转相授业之本师。人心所在，即定论所凭，所谓将习其道必各祭其师，皆发于人之不觉，准之古谊，两人理应从祀。二、黄宗羲编定《明儒学案》，综两百年学术升降之原，会通融贯；顾炎武不立讲学之名，而有蹈道之实，所著《日知录》，足当学术精纯之目。两儒阐明圣学、传授道统，其经济文章流传两百多年，至今读者犹思取法，可见其经纶卓越，理应从祀。三、钦定《四库全书提要》一书对黄、顾著作并非只有批评之语，也有"褒许"文字。折中引用了钦定国史《儒林传》之《黄宗羲传》《顾炎武传》中的评语，说明将他们从祀文庙，当之无愧。还指出《四库全书提要》对许多学者的著作都有批评之语，甚至包括已经从祀文庙的学者，如张伯行等。奏疏最后说，稽之古训，求诸舆论，将黄、顾从祀，实顺人心而不违成例。况且今天皇上正在典学，应当审辨学术，以风示天下，将两儒从祀完全符合形势的需要，朝廷不应"徒滋议论"。奏上，慈禧太后虽然谕令内阁再行会议，但会议时，仍未能通过。

额勒和布、恩承、徐桐等人强调，黄、顾仅著述家言，未有躬行实践，一再反对他们从祀，显然是个托词，他们之所以反对，除了他们坚持的理学治国的立场外，还与下列史实有关：即黄、顾两人在明末均参加过抗清斗争，而入清之后，又都不与清廷合作，在其著作中充满了民族主义思想。像他们这样具有强烈的排满反满意识的汉族士大夫，清政府当然不会把他们尊为阐扬圣学道统的经师、人师，供奉文庙，让士大夫官僚顶礼膜拜。自明朝灭亡，二百多年来，反清斗争连绵不绝。反清复明、排满复汉的秘密会党遍布大江南北，边陲海隅。而自咸同以来，太平天国起义揭起"驱逐鞑虏"的旗帜，号召排满反满，起义遍及十数省，长达十多年之久。虽然失败，但这种排满思想意识随着清皇朝统治危机日益严重，在人民的心目中不断蔓延滋长。如果现在同意将黄、顾从祀，无疑是从学术思想上给这种反满排满的民族意识予以承认并加以肯定。这一点才是清朝最高统治者反对将黄宗羲、顾炎武从祀文庙的根本原因。

慈禧太后为了调和两派意见，最终采取了一个折中的办法，同意礼部原奏意见，黄、顾毋庸从祀文庙，但准许入祀乡贤祠。至此，长达两年的黄、顾从祀文庙与否之争告一段落。清末，随着反清民族民主革命日益高涨，清朝统治岌岌可危，汉族士大夫官僚要求将黄、顾从祀文庙的呼声再起，清政府为了缓和统治内部的矛盾，争取和拉拢汉族士大夫官僚，对付蓬勃高涨的反清斗争，于宣统二年（1910）正月，也就是在清朝灭亡前一年，由宣统帝颁谕，准许将黄宗羲、顾炎武从祀京师文庙。

第6章

首参军机

军机处，全称办理军机处，设于雍正年间，属临时性质，随设随撤。清末，由于严重的内忧外患，军机处成了决定军国要政的最高权力机构，而军机大臣的权力远在内阁大学士之上。光绪八年九月，翁同龢第一次授任军机大臣。在任期间，奉旨查办云南军费报销舞弊案，参与决策中法越南问题交涉和中法战争初期军事作战部署事宜以及主持乡会试等活动。

查办云南军费报销舞弊案

同光之际，小规模的农民起义时有发生，清政府不得不派兵镇压。因此，待到起义平定后，便有一个军费报销的问题。由于经手钱粮的官员从中贪污中饱，以致账目无法合拢，在这种情况下，只要花上一笔银两，买通户部负责报销的官员，便能了结。光绪五年（1879），清政府一手扑灭了云南境内的少数民族起义。云南巡抚杜瑞联就军费报销一事，派出督粮道、善后局总办、云南军务后路粮台崔尊彝和永昌知府潘英章携带巨款前往京师打通关系，他们通过云南籍京官、军机章京、太常寺卿周瑞清，向军机大臣、署理户部尚书王文韶和同为军机大臣的工部尚书景廉打招呼，最后以八万两银子谈妥成交。

云南军费报销刚一结束，但因内部分赃不均，社会上很快就传出户部官员受贿的消息。正好此时，工部左侍郎阎敬铭升任户部尚书。阎氏当年曾在湖广总督衙门办理过钱粮，以擅长理财知名于世，对于军费报销中的关节一清二楚。他到任后，对部务大力进行整顿，云南军费报销舞弊情况很快暴露出来。光绪八年六月，御史陈其泰根据搜集到的材料，上折纠参周瑞清收受贿赂，词连王文韶、景廉两人，并说明存银处所。慈禧太后见折，十分气愤，随即谕令刑部尚书麟书、潘祖荫查明复奏。前后共查出银五万多两，还有三万多两不知存放何处。很显然是与王、景两人有关。就在查证工作进一步深入之际，另一名御史洪良品也上了一道参折，直接弹劾王、景两人。因事涉军机大臣，作为主持军机处的恭亲王奕訢只好回避。经奕訢奏请，慈禧太后简派惇亲王奕誴和翁同龢出面饬传洪良品，查明事情真相。就在这时，王、景两人不安于位，一个奏请回籍"告养"母亲，一个奏请居家养病，双双退出了军机处。

翁同龢与惇亲王询问了洪良品，但洪氏也推说所参内容得自传闻，不过他指出：贿托之事当严讯崔尊彝、潘英章两人，案情不难水落石出。于是上谕催令崔、潘到案，与周瑞清、户部有关司员并书吏、钱庄老板当面对质，谕旨要求翁同龢等务必将案子一查到底，并又加派新任刑部尚书张之万、刑部侍郎薛允升、户部尚书阎敬铭，一并参加该案的审理。

同年十一月，通过调集有关钱庄的账簿，清查崔、潘两人来往的收支账目，结果发现他们来京总共用去银八万多两，经过核实，有着落的为五万多两，大多列为"炭敬""别敬""赠敬"，涉及很多部院的大小官员。惇亲王主张对此进行严追，翁同龢感到为难。因为外官馈赠向有此例，不能算作受贿。若按惇亲王的意思去办，将牵连无数官员，酿成大狱，不利于政局稳定。张之万、阎敬铭等同意和支持他的这个看法。经过共同磋商，本着案内一个不遗漏、案外一个不牵连的意见，就涉案人员进行查处。至于余下的三万多两，经查证，因为没有足够的证据，说明它就是用来贿赂王、景两人的。翁同龢认为案子查到这一步可以结案了。除惇亲王外，参加会审的其他大臣都表示同意。惇亲王仍主张对所有收受银两的官员进行追究。在讨论确定有关人员的罪名时，认为判得太轻，要求加重。翁同龢在慈禧太后召见时，当着惇亲王的面，就"枉法"与"不枉法"的界定，作了说明。他说云南军费报销经审核，不过彼此所引成例有出入，但归根结底都是该报销的款项，并不违例。至于有人受了贿，将不应报销的款项报销了，就是枉法。有人虽然收了贿，但与报销案并无牵连，就是不枉法。翁同龢这一解释实际上是对清朝官场上普遍存在的贿赂腐败现象的诡辩，是一种饰词，不能加以肯定。但他考虑到为了政局稳定，也总算是有一定的道理。由于法国入侵越南，边疆危机严重，当时正处于中法战争的前夕，统治集团迫切希望早日结束此案。此外，景廉是额驸，王文韶是署户部尚书，新由地方到中央任职，与朝臣并无太多恩怨是非，且两人均已回避；当时奕䜣还未倒台，在朝内仍处于举足轻重的地位。由于这些原因，谁也不愿再作追究。慈禧太后最终采纳了翁同龢的意见，分别对案内有关人员进行了处分。光绪九年（1883）六月，由奕谅、翁同龢等七人联衔，呈递了长达七千余字的《复议云南报销案》一折，至此，此案审理工作正式宣告结束。

参加会商中法越南问题交涉

越南一直作为属国，同中国保持密切的来往。嘉道年间，法国向东方殖民，利用越南统治集团内部矛盾，趁机扩张势力，不断发动殖民侵略。同治元年（1862），法国强迫越南签订第一次《西贡条约》，将越南置于法国的控制之下。同治十二年，通过发动侵略越南北圻的战争，强迫越南签订第二次《西贡条约》，根据这个条约，越南完全被法国控制。光绪五年（1880）十二月，越南统治集团内讧，法军趁机攻占首都顺化，越南国王被迫与法军签订城下之盟，至此，沦为法国的殖民地。

越南国王深感有亡国的危险，一面邀请驻在境内的中国刘永福黑旗军帮助越南抗击法国，一面遣使北京，向清政府求救。清政府于光绪七年年底八年年初，先后派出滇军和粤军驻扎越南的山西和北宁。同时训令驻英法公使曾纪泽就此对法国进行交涉。

光绪八年，清廷指派直隶总督兼北洋大臣李鸿章同法国驻华公使宝海就此事进行交涉。李鸿章的想法是：法国侵占越南，对中国来说，只是伏边患于将来，在目前对中国还构不成威胁。认为法国是西方强国之一，而中国兵力单薄，海军又少，滇防、粤防皆有名无实，不可与法国开战。因此，主张"息事宁人"，承认法国对越南的占领。在这个错误思想指导下，他与宝海（后改脱利古）的谈判，基本上未作什么辩论。李鸿章求和避战，"一意款法"的做法引起了不少官员的愤慨。曾纪泽一直批评他始终"误于柔、忍、让"三字。翁同龢与其他军机大臣对李氏搁置越南问题，一味与法使讨论中越分界通商，表示不满。认为与法使交涉，应先专门讨论法国侵略越南，尤其是法国强加给越南以及有害中越宗藩关系的不平等条约。

光绪九年十一月，法军水陆两路，进攻越南北部，唐炯所统清军败退兴化。清军的失利，使李鸿章的主和主张一时占了上风。同月，李鸿章同法国海军中校福禄诺在天津签订了《中法简明条约》（草约）十三款，规定中国承认法国对越南的控制，中国从越南撤军，法国商品从云南、广西输入内地，等等。翁同龢见到李氏奏报和条约草约文本后，大为气愤。认为这个条约等于是将整个越南的主权统统送给了法国，反对批准这个条约。当时奕訢生病，不常到班，军机处日常值班只有翁同龢、李鸿藻两人。在慈禧太后召见时，翁同龢以法国增兵东来，中法交战不免，呼吁作好接战准备。根据他与其他军机大臣的要求，慈禧太后谕令李鸿章督办海防，左宗棠督办江防，任命张树声、岑毓英节制滇、粤军队。

李鸿章与法使的谈判中，法国一直坚持要求开辟保胜为商埠，当时保胜为刘永福黑旗军所控制，刘永福坚持抗法斗争。因此，法国的这一要求无疑是想借中国之手，逐走和消灭黑旗军。对于法军这个借刀杀人的要求，李鸿章竟然表示答应。同李鸿章的态度相反，翁同龢从刘永福的黑旗军多次对法作战中获胜，认为它是一支有战斗力的军队，它阻止了法国对越南侵略的深入，有利于巩固清朝的宗主权，完全可以加以利用。翁同龢竭力主张援助黑旗军的抗法斗争。光绪九年四月，黑旗军纸桥大捷的消息传到北京，翁同龢非常高兴，称它是"第一捷音"。军机会议上，他提议犒赏黑旗军，授予刘永福顶戴。他的提议获得李鸿藻及云贵总督岑毓英、两广总督张之洞等人的赞同。清政府赏给刘氏武职游击职衔，简派户部主事唐景崧前往保胜与刘氏联络，并接济刘永福少量军饷、武器。

纸桥大捷后，法国对刘永福黑旗军恨得要命，决心除之而后快。一方面频频向李鸿章施加压力，立即要求将保胜开辟为商埠；另一方面加紧向黑旗军发动进攻。军机会议时，翁同龢表示保胜不可开埠，刘军不可逐。李鸿藻、岑毓英、张之洞对此也持相同态度。法国见保胜开埠无望，于是派遣波滑率领一支法军向驻守怀德的刘永福黑旗军发动猛攻，黑旗军奋力抵抗，并吁请驻守北宁的清军赵沃部予以配合。但赵氏竟作壁上观，在所谓"衅不自我开"的借口下，非但不给黑旗军以援助，而且处处给以限制，甚至还截留了弹药和粮饷。法军决开附近河道，水淹刘军，黑旗军损失惨重，被迫退往山西。

黑旗军溃退山西的消息传到北京后，翁同龢曾代表军机处饬令广东巡抚倪文蔚全力接济刘永福，设法劝勉刘军"再战"。翁同龢在代拟的电旨中写道："若刘团再建奇功，定加懋赏，并唐主事（景崧）亦破格加恩。"命令广西巡抚徐延旭先行提拨藩库银十万两犒赏黑旗军，并源源接济军火器械，但徐氏并未遵旨。在法军的追击下，黑旗军节节溃退，根本无力再战。

法军击溃黑旗军后，气焰嚣张，立即向驻越清军发起进攻。光绪十年（1884）正月，法军进攻北宁，中法战争一触即发。长江水师提督彭玉麟、两广总督张之洞、云贵总督岑毓英、帮办北洋防务大臣吴大澂等先后条陈，要求清政府派兵出关对法作战。翁同龢盛赞他们"词气慷慨，语皆豪壮"，表示支持。并在军机会议上一再呼吁，但未被奕訢重视。翁同龢说他"日日言之，终无和者"，他的主战言论甚至被奕訢斥之为"愚而讦"，翁同龢闻后十分伤心。

正月底，北宁失守的消息传到北京，翁同龢再也坐不住了，军机会议时，他大声疾呼形势危急，请立即饬命张之洞、岑毓英出关督战，并向世界宣布，若法军再向中越边境大举侵犯，中国定当"开仗"，但这些呼求仍未引起奕訢重视。二月底，法军把侵略战火推进到中越边境镇南关（今友谊关）一带。军机处的无能，前敌的败北，激起全国上下的强烈不满。三月初七（4月2日），国子监祭酒盛昱上了一道《为疆事败坏责有攸归》的奏件，指名奏参恭亲王奕訢主持的军机处在办理法国侵略越南一事上，俯仰徘徊，坐观成败，要求将全体军机大臣交部严加议处。慈禧太后垂帘听政已久，政治手腕也日渐老练，同奕訢争权夺利自同治朝起就始终未曾停过。遂借盛昱的奏折，趁机罢免全体军机人马，撤销奕訢的双俸，开除其一切差使，勒令其"居家养疴"，宝鋆原品休致，李鸿藻、景廉降二级调用。翁同龢亦退出军机处，但处理的罪名最轻："甫值枢廷，适当多事，惟既无建白，亦有应得之咎。著加恩革职留任，退出军机处，仍在毓庆宫行走"。军机处改组后仍采取妥协退让的方针，但并未换来和平。四个月后，法国海军入侵台湾，在福建马尾一手挑起海战，一举消灭了福建海军。光绪十一年正月，法军向谅山中国驻军发起进攻，守将冯子材、王德榜、苏元春等率部奋起还击，取得了震惊中外的谅山大捷，并乘胜反攻，追击敌人。慈禧太后担心战争延长将对自己统治不利，于是下令乘胜收兵。由海关总税务司赫德出面，同法国议和。结果在中国取得抗法斗争胜利的时候，反而可耻地签订了停战协定，答应了法国强占越南等无理要求，从而结束了这场战争。

校士抡才为国求贤

翁同龢担任军机大臣前后，还多次被命为乡、会试的正副考官，主持科举考试。中法战后的严重的民族危机，统治集团的腐朽，人才的缺乏，促使他对人才加以关注。所以，在主持科举考试过程中，十分留意选拔具有真才实学之士。而光绪帝因满朝文武仍为太后旧人，大臣们也仍旧效忠太后，决定利用科举考试来培植自己的势力，希望通过自己的师傅来实现这一目的。翁同龢不负光绪帝的厚望，先后物色和选拔了一批青年才俊，其中他擢拔文廷式和张謇是当时最有影响的两件事，一直被传为晚清科场的佳话。

清代科举考试，在鸦片战争前，十分讲究书法，苟有书写不工，纵使内容答得不错，也可能被抑置下等，此风到鸦片战后依然如故。翁同龢虽然书法名于当世，但是在批阅试卷、录取生员时，比较注重答题的内容文字，不刻意讲求书写的工整与否。光绪七年（1881）他批阅顺天乡试试卷，在判定前十名名次时，发现一卷文意"极深厚，可以抡元"，拔置第一。光绪十六年（1890）四月，他派为殿试读卷官，在判定名次时，主考官徐桐认为军机章京吴鲁试卷"字不工"，定为一甲第四名，翁同龢认为吴氏字虽不佳，但所作策论极为"翔实"，经他一再坚持，最后将吴卷拔置第一。为了坚持他的这个评判标准，他常常与其他考官争得面红耳赤。由于房考官有"阅卷"

"荐卷"的权力，往往考生因细微之误，试卷被摈落，所以，考试后期，就有一个搜集落卷的重要环节，翁同龢对此十分重视。光绪十一年，他与潘祖荫分任顺天乡试正副考官，在搜索落卷时，先后找出多名摈落的合格试卷，重新评阅、录取。

科举考试注重经艺，经艺即八股文。鸦片战争后，这一情况稍有变化，翁同龢主持乡、会试时，较为重视策论。所谓策论，类似于今天的小论文，所出题目也较新颖，结合实际。光绪十一年八月，奉派出考贡士试卷，当时正是英国侵略我国西藏，沙俄窥占我国吉林、黑龙江地区，因此，他出了"君子听鼗鼓之声"的题目。光绪十五年举行录取内阁中书考试，他出了"畿辅水利"内容的策题。光绪十六年贡士复试考试，他出了有关圣学、东北舆图、茶税、边防方面的四道论题。光绪十八年三月，他派充顺天会试正考官，出了有关东三省形势、农政方面的论题。同年五月，派为新贡士朝考阅卷大臣，所出论题有"延尉天下之平论"等内容。这些结合时势、联系实际的论题、策题，一反过去空谈性理的做法，具有引导士子关心社会现实的作用。

科举考试旨在选拔人才，所以，翁同龢在主持各类考试时，十分留意发现"秀发而有才者"。对于有才干的士子，他不仅记在心里，还常常记在日记里。如光绪十一年九月一天的日记中，记有"庶常张亨嘉、曹福元来见。曹生，吴县人，极秀发，其弟年十八，今年拔贡，博览能文，闻今科中矣，此人佳士，不可不知"。蔡元培是近代著名教育家，被称为人世楷模、学界泰斗，他也是翁同龢的门生。翁同龢在光绪十八年五月十七日的日记中写道："新庶常来见者十余人，内蔡元培乃庚寅贡生，年少通经文，极古藻，隽才也，绍兴人，号鹤青，向在绍兴徐氏校刻各种书。"对蔡元培给以极高的评价。同年七月二十六日的日记中则有关罗迪楚的记载，称罗氏"不特经学，即经世之学亦颇讲求，非常才也"。类似的记载很多。足见他求才心切，思贤若渴。他独具慧眼，识拔文廷式，在晚清试场传为佳话。

文廷式，字道希，号芸阁，晚号纯常子，江西萍乡人。早年出入广州将军长叙门下，与长叙之子志锐、志钧及两个女儿他他拉氏熟识。他他拉氏后来双双入选后宫，被册封为光绪帝的瑾嫔和珍嫔，并渐获宠信，晋为妃。文廷式与瑾、珍两妃恭属世交，从此在光绪帝心目中有了一定的地位，存心要识拔他。光绪八年（1882），文廷式以附监生领顺天乡荐，考中第三名，由此文噪京师文坛，名公巨卿争相与之结交。他性格孤傲，敢于直言，与盛昱、黄绍箕、王仁堪等同被视为"清流"，又与山东福山王懿荣、江苏南通张謇、常熟曾之撰，称为"四大公车"。盛氏、黄氏、王氏、张氏等人都是翁同龢的门下士和座上客，因他们的关系，遂又引起了翁同龢对文廷式的关注，有心要识拔他。光绪十四年五月，文廷式参加吏部举行的录选内阁中书考试，翁同龢、李鸿藻、徐桐、汪鸣銮等人为阅卷大臣。阅卷中，翁同龢一直注意搜索文氏的试卷，后来文氏的试卷被汪鸣銮看中。确定等第名次时，阅卷大臣一直不能定下来，翁同龢遂提议文廷式为第一名。徐桐、李鸿藻以"第一名策论起讲《汤诰》乃《吕刑》语，语甚游移"为由，要求更换，翁同龢为之辩解说：此据逸书，汪鸣銮亦附会其说。结果仍照原定名次，以文廷式为第一名。也就是在这个时候，文廷式第一次谒见翁同龢，尊翁氏为师。翁同龢认为文廷式气宇不凡，才堪大用，从此彼此建立了联系。

光绪十六年（1890）四月，清廷举行恩科会试。这次会试，翁同龢奉派为新贡士复试阅卷大臣。文廷式参加了这次考试，他的试卷由阅卷官嵩申呈荐。翁同龢见到此卷后，力称"此卷挺拔有伟气，激赏之"。四月十七日，判定名次，翁同龢与潘祖荫一致推举嵩申荐卷为第一名，其他阅卷大臣表示无异议，结果文廷式考中一等第一名。四月二十日，举行殿试，翁同龢、徐桐、福锟、麟书、嵩申、廖寿恒、汪鸣銮派为殿试读卷大臣。这次文廷式的试卷出自福锟手中。二十二日，各读卷大臣将自己阅中最为满意的试卷"转桌"，互相传阅。翁同龢看了福锟的荐卷，"极赏之"。会议讨论的结果，以翁同龢的荐卷为第一名，福锟的荐卷为第二名，徐桐的荐卷竟在十名之外。二十四日，拆弥封，对原卷，唱名次，一甲前三名分别是：吴鲁、文廷式、吴荫培。当唱名宣到第二名文廷式名字时，光绪帝说"此人有名，作乃好"，语中对文廷式的中式表示满意。

四月二十六日，礼部举行恩荣宴。会上，文廷式与其他鼎甲拒绝向主考官行跪拜礼，这就是有名的鼎甲大闹恩荣宴事件。文廷式力言古代"拜为下首，非稽首"，并引《说文解学》的解释与礼部堂官几经辩论，毫无结果，宴会因此无法正常进行。为了打破僵局，翁同龢步入宴会大厅时，文廷式等向他"行礼三台（三次作揖）"。翁同龢说"因喜其疏隽""爱其有才"，所以从容地"答以一台（一揖）"。在场的官员对翁氏之举无不感到"愕然"。主考官徐桐"大怒"，指斥鼎甲"狂悖非礼"，欲传吴鲁等三人至翰林院"申斥之"。翁同龢认为"此不必大惊，其实何足道也"。他因敬重文廷式等人的才气胆识，有心要识拔他，故对其违礼之举不予计较。他这样做，表现了政治家的雍容大度和礼贤下士的气概，在纲常名教盛行的当时，他这样做，是需要有一股勇气的。

此事引起了朝野震怒，许多官员对此表示强烈不满。由于文廷式领头"肇事"，尤不为舆论所容，并对他获隽一事怀疑是珍妃通了关节，翁同龢、福锟等人作了手脚。五月初五，御史刘纶襄上折，陈言此次殿试弊窦甚多，指出文廷式卷面有"间面"二字未经签出，要求查究严议。光绪帝碍于舆论，谕派昆冈查对原卷，据实复奏。昆冈查对中，发现文廷式的策论卷试答题里确有"间阎作间面"，"经签出，以为贻误"。但在讨论时，翁同龢力言"间面"二字确有来历，说他常用"间面对檐牙"，文氏这样写没有错。但礼部坚持书写"间面"是错误，并给予阅卷大臣罚俸六个月的处分。经翁同龢、潘祖荫等一再申辩，光绪帝谕令撤销处分。至此，外间对文廷式获隽的怀疑才渐渐消除。

文廷式对光绪帝、翁同龢如此器重自己，十分感激，决心效忠圣主，追随翁师。他考中后，授职编修，供奉翰林院，不久又派充国史馆协修，会典馆编纂。光绪帝对文廷式的信用有增无减。光绪二十年翰詹大考，光绪帝面谕阅卷大臣，擢文廷式一等第一名，授其翰林院侍读学士、日讲起居注官。从此文廷式成为台谏要角，帝党政治势力的重要成员。

说了翁同龢识拔文廷式，不能不提到另一个近代史上著名人物张謇。毛泽东曾说过，讲近代中国实业，我们是不能忘记张謇的，他创办大生纱厂、通海垦牧公司，振兴文教，把一个封建县城通州打造成近代中国第一城，一生颇多建树。他的成名完全得自翁同龢的识拔，其中颇多趣闻。

张謇，字季直，号啬庵，江苏海门（今属南通市）人。张家世代务农，父母节衣缩食，省吃俭用，供他读书。张謇读书非常勤奋。14岁时，张謇欲参加童试，但因他家祖上三代无人做过官和进过学，属于"荒籍"，不能应考。在万般无奈之下，张謇的父母托人找到如皋的一个名叫张炯的同族"认保"，取名张育才，方得如愿。结果县、州、院三试，均一一考取。张炯见此，视为"奇货可居"，便对张謇父子进行敲诈勒索，几乎使其倾家荡产。张謇父亲受不了这种欺诈，于是便向知州孙云锦如实呈诉被骗受迫的过程。张炯却指责张謇为"不孝"，竟要"告官"。孙云锦向来爱才，对张謇的遭遇大为同情，给予全力帮助，使张謇乃得返回海门本籍。经此一事，他的名字从此传遍大江南北。

经孙云锦介绍，张謇于光绪元年（1875）进入淮军吴长庆"庆"字营任幕僚。随后经吴氏的介绍，张謇结识了袁世凯，并指导袁氏读书。光绪五年七月，张謇参加两江总督、江苏巡抚、江苏学政举行的"会考"，均名列第一。学政夏同善是翁同龢毓庆宫书房同值，因夏氏的介绍、推荐，翁同龢开始留意起张謇来。

光绪八年，朝鲜发生"壬午兵变"，吴长庆奉命率军入朝平定叛乱，张謇随军入朝，并多所赞划，兵变很快平息下去。有见日本对朝鲜的侵略野心和各国对朝鲜的觊觎，张謇很为朝鲜未来的命运担忧。事后，张謇写了一道朝鲜善后六策。后来，他将六策托人转呈翁同龢、潘祖荫。翁氏、潘氏见后，"咸以为善"。通过这件事，张謇的才识深为翁氏、潘氏所赏识，他们决心通过科举考试途径来提拔张謇。

光绪十一年（1885）八月，张謇参加顺天乡试。潘祖荫和翁同龢是此次乡试的正副考官。结果张謇的试卷为江南试卷中的第一名（俗称南元）。光绪十四年、光绪十六年，张謇两次参加清政府组织的会试，但均未考中。经过这两次会试，张謇对仕途渐渐失去了信心。

光绪十八年，张謇四十岁。在其兄、江西候补知县张詧的劝说下，第三次入京参加会试。这次会试正考官为翁同龢。江苏试卷尚未呈堂批阅时，翁同龢就提醒房考官细心校阅，注意张謇的卷子。结果发现早已被冯金鉴以词意宽泛斥落了。翁同龢本想选中张謇，结果未能如愿，深为张謇感到惋惜。他在爱重惋惜之余，竭力安抚张謇，派遣侄孙翁斌孙前往张謇下榻的江苏会馆挽留，张謇在回拜中谢绝了翁同龢要他留京的好意。但翁同龢心中仍时时等待时机擢拔他。

光绪二十年（1894）四月，为庆祝慈禧太后六旬万寿，清廷特地举行恩科会试。当时张謇正作为江西庆典委员在京办差，他写信让张謇再来京一试。于是张謇带着灰冷的心情，又一次来到了北京。对于这次应试，张謇几乎毫无准备，连考试用的文具都是临时向亲朋好友借来的。放榜时，也未去琉璃厂看红录，结果却考中了第六十名贡士。复试则中了第十名，殿试一甲第一名，状元及第。

这次会试主考官为李鸿藻，副考官为徐郙、汪鸣銮、杨颐。翁同龢参加了复试阅卷和殿试读卷。翁同龢在读卷时，发现一卷，文气甚古，认定这个"非常手笔"不是别人，很可能就是张謇，并当众说："此卷非元不可。"读卷大臣张之万则反诘道：其他卷子还未看完，前十本还未最后选出，怎么可以先定大魁呢?! 于是两人争执起来。按例，张氏科名比翁氏早，进呈的前十本卷子应该由他来综核、决定，但翁氏是皇帝的师傅，张氏觉得不便与他争执，便推李鸿藻主持，李氏与翁氏虽学不同源，一个主张理学，一个主张经世之学，但当年曾同为弘德殿行走，平日过从甚密。李氏当即表示同意翁氏的看法，结果就定翁氏所定试卷为第一。待到拆弥封，知是张謇的卷子。

翁同龢擢拔张謇，除了"伯乐相马"，看重张氏的才干外，还与他同张氏在国内外许多重大问题上的看法相近有关。就在张氏考中状元不久，日本一手挑起侵略朝鲜和中国的甲午战争。其间，张謇与翁同龢等站在一边，坚决支持光绪帝对日作战的主张，力主抗击日本侵略，捍卫国家领土主权，反对慈禧太后、李鸿章等人的妥协求和活动。翁张两人由师生知遇发展到在政治上志同道合。光绪二十四年（1898）六月，翁同龢因支持戊戌变法，被慈禧太后下令开缺回籍后，张氏在各方面给予翁氏以照顾，这种友情一直持续到翁同龢去世之后。

第 7 章

笔钥户政

翁同龢离开军机处后，由于慈禧太后和光绪帝生父醇亲王奕譞的信任，继续受到重用，被命为户部尚书，前后长达十多年。在任期间，一手解决了西征军粮饷的筹措问题；开办郑工事例，解决堵塞黄河决口费用；阻开中美合资的华美银行，建议缓筑津通铁路等。

筹措西征军饷

翁同龢担任户部尚书后，办理的第一件事，就是筹措解决西征军饷问题。

左宗棠平定阿古柏叛乱、收复新疆后，为了巩固西北边防，清政府仍在甘肃、新疆一带驻扎100多营、约5万人的军队，这些军队每年所需饷银及器械费用在180万两左右。若遇上闰月、另需添银90万两。军需之外，还有所谓的善后经费，每年动辄数十万两不等。由于勇无定数，饷无定额，通盘计算，西征军每年共耗费国家财政收入约六分之一，这对清政府来说，无疑是一个沉重的负担。

西征军饷主要来自各省关，即通常所说的"协饷"。自咸丰以后，二三十年来，天下扰攘，清廷财政早已到了山穷水尽的地步。为了筹措西征军饷，各省关东挪西借，设法筹解，尽管如此，仍缓不济急，无法满足西征军的需求。西征军各营因饷用不足，常常借预防士兵哗变，"飞章告催"，径直奏请朝廷拨付。户部不得已，只好为之提拨，于封储洋关税下，动拨数万、数十万两不等。然而此处甫行领完，彼处告急之电又至。据不完全统计，到光绪十一年年底，西征军各营借款连同息银"将近千万"，若加上户部为之垫拨的853万两，总数超过2000万两。这个数目几近当时清朝年收入的一半。历任户部尚书均为此焦头烂额，苦不堪言。

翁同龢上任后，主持召开了有户部堂官、南北两档房和十八清吏司主稿参加的关于如何筹解西征军饷的会议。在充分听取各方意见后，与满尚书福锟、侍郎昆冈、孙诒经等联衔，向慈禧太后进呈了一道奏折，提出停止葬银、红事赏银、营官廉俸适当减折、兵丁伙食补贴打折、一切费用均加压缩等措施，建议将裁省后所得之款，"悉以供军"，用压缩西征军的各项日常开支，来减少西征军饷数目。此折虽经谕准，但所省数目有限，根本解决不了西征军饷和西征军各营的亏欠。相反地，光绪十二年（1886）户部为西征军垫拨的协银比前一年反而增加了 30 万两。

西征军饷不仅是户部的一个沉重负担，而且也是各省甩不掉的包袱。光绪十二年，江西、安徽、湖北等省以拨解西征军饷数目过巨，预拨来年钱粮不敷填补上年积欠为由，要求停解。江苏、浙江、福建、山东、山西、河南等省则以西征军协饷和筹办海防两者"势难兼顾"为由，要求西征军饷改拨。李鸿章也因筹办海防，主张停拨西征协饷而专办海防，故对以上各省拨解之说表示赞成。对于上述停解改拨之说，从户部立场出发，翁同龢当然不能赞同。

光绪十三年三月，翁同龢代表户部，再次向慈禧太后呈递了一道长达万字的《统筹新疆全局疏》，提出裁军、节饷、大兴屯政等四条解决西征军饷的办法。奏疏首先缕陈当时全国民生困苦、财政万分窘迫的严峻形势，说明裁军节饷的必要。接着，又讲到近年全国各地遇到的严重的自然灾害。

奏折指出："今库款空虚如此，民力困穷又如彼，而西路军饷数倍于国家全盛之时，悉索以供，靡所底止，若不预为筹划，仰屋徒叹，实有违天下万世之清议。臣等再四思维，耗中以奉边，终非良策。但西陲要地非内地为之调拨，亦不能支。"

最后，翁同龢提出解决西征军饷的四条办法：一、定饷额。所有西征军各营兵饷均应按照光绪四年（1878）左宗棠的奏案，以每年调拨的协饷不得超过 380 万两为度，不准各省蒂欠。嗣后西征军各营亦不得再向商借和率请部垫。二、定兵额。现在新疆、甘肃驻留兵勇统计有五万之众。力分于将多，财匮于兵众。要求汰弱留强，就额饷数目，酌留兵勇，嗣后以四万为额。一半列戍为防军，一半居中为游击之师。三、统一事权。精减军事指挥人员。新疆、甘肃两地虽有督办军务大臣，而各将帅位敌事均，饷自迎提，浮开盘费，一官之耗费抵十数勇之口粮，几乎数勇一官，纷纷滥支薪水。嗣后划一营章，专人分拨款项，各军各营差员一律裁撤。四、大兴屯政，屯田抵饷。指出新疆地区在乾嘉年间曾一度实行垦田，"新疆利源可开，流亦可节，就地取资，亦是筹饷之一法"，驻军平时屯田，农闲时则进行军事训练，如此兵农合一，是解决饷需的理想办法。

慈禧太后见了奏疏后，十分重视，又就屯田筹饷一事，要求户部再作详细条陈。于是翁同龢与其他户部堂官又联衔呈递了《请兴办新疆屯田疏》。疏中指出，新疆南北大兴屯田为当今急切要务，所谓借人以尽地利，即借地利以养人。屯田好处很多：就地收耕获之利，内地无转输之劳，可节运费数十万两；军粮无忧缺乏，即可以当地所收粮食划抵该处饷需，有利稳定军心；寓兵于农，所收粮食即可改征折色，用备度支；兵燹之后，户鲜户储，若兴屯政，数年之内，必有余资，粮价因之而平，边储亦因之而充裕；兵丁劳其筋骨，日后驰骋战场，人更勇健。奏折最后说，为了使兴屯克期有成，各路统兵大员，应以各营收获之多寡为额，切实预备计划，次第兴办；遴派委员，勘查地亩，分营承种；兴修水利，以益灌溉；购置农具耕牛种子，并建立粮仓作为储粮之所。奏折还建议：为了使屯政能切实兴办起来，朝廷应明定赏罚，对开办有成绩者奖励，敷衍搪塞、办事不力者给予处罚。

慈禧太后将户部这两道奏折发交军机大臣，陕甘总督谭钟麟，新疆巡抚刘锦棠，驻新疆各路统兵大员金顺、荣全、锡纶等人复议，均一致认为事属可行。根据他们的意见和建议，翁同龢代表户部，会同吏、兵、工部堂官，会商制定了有关裁兵、屯政的具体细节和措施。到光绪十五年，经裁减后的西征军只剩下一万多人，是年屯田共收获粮食3000多万斤。不仅实现了驻军粮食的自给，而且还有所剩余。既减轻了内地各省和户部的财政负担，又开发了新疆，对推动西北地区的社会经济发展起到了积极作用。

筹措堵塞郑州黄河决口要工巨款

光绪十三年（1887）八月，黄河在郑州武陟县小杨村下汛十堡的沁河突然决口。顿时黄水滔滔，浸漫所过，村庄刷去，人畜全无。中牟、尉氏城浸水中，溺死之人蔽空而下，若凫鸥之出没，如此情形者有十余日，情景极为凄惨。洪水的前锋一直冲到江苏境内的洪泽湖。洪泽湖水涨，给大运河造成巨大压力，一时淮甸震恐。

黄河决口的次日，河南巡抚倪文蔚、河道总督成孚的抢险堵口请款的电奏到京：盘头筑成需银600万两。慈禧太后当即谕令户部先行拨银200万两，此后源源接济。当时部库支绌，一时难筹。正好此时御史周天霖、李士琨上奏，请仿道光朝办法，开办河工事例。事例俗称捐例、捐纳、捐输，就是卖官鬻爵。由政府拿出一部分官爵职衔，公开标价，出售。清代前期，每遇重大军政活动或自然灾害，或修浚河道，为了筹措经费，往往开办捐例。有祖宗成法，慈禧太后很快批准这一要求，同意将海防事例停止，另开郑工事例。海防事例是李鸿章为筹集北洋防费经谕准开办的，所得款项主要充作北洋海军"镇远""定远"等几大舰日常维护费用。根据军机大臣、吏部、户部、海军衙门共同协商，郑工事例在海防事例的基础上略加变通，开办时间以一年为限。但一年之后，由于决口未能合拢，经奏准复展限一年。海防事例的停办和郑工事例的开办及展限，造成了北洋防费的紧绌，因而引起李鸿章的不满。

因海防事例的停办和郑工事例开办还引起了以下一件历史公案：即所谓翁同龢利用户部尚书职权，在经费上掣肘李鸿章，使李鸿章统辖的北洋海军无钱购买当时新式船舰，以致造成日后中日甲午战争中北洋海军的失败。事实又是怎样呢？郑工事例开办两年，收银不足400万两，而户部为了堵塞决口共支付银1200万两。为解决缺款，翁同龢与全体户部堂官又联衔上折，奏请裁撤外省防营长夫（兵站长），停止在京官吏、兵丁各项米折（补贴）银两；酌调驻豫防营参加堵口、劝令盐商捐输、预征当商，以及暂行停购外洋枪炮船械及未经奏准修复的炮台等六项筹款措施。此后又条陈王公捐俸、官员报效、减办南漕、盐斤加价等建议。这些条陈建议虽经光绪帝谕准，但因直接损害了一部分官吏的既得利益，引起了许多王公贵族、京内外官吏的不满。而六项筹款办法中的暂停购买外洋船械一条尤其为李鸿章所不满。

李鸿章认定此条陈是户部有意同他过不去，是翁同龢存心卡他。站在李氏立场，这一想法可以理解，他要办海军，负责北洋防务，需要向外洋购买枪炮船械，要他停止购买当然不同意。但若从全国财政大局来看，此条也并非专指北洋，讲的是"所有各省"，因此，又不能说是卡李鸿章。偏偏凑巧的是，在数年以后的中日甲午海战中，北洋水师覆没。在总结海军战败原因时，李鸿章及其僚属竟将战败归结到这一条。硬说甲午战败是由于停购外洋枪炮船械所致。而事实是，在海防捐停办的两年中，翁同龢主管的户部为海军建设筹拨了大量款项。战争前夕，为了支持北洋订购快船，户部一次就拨银 200 万两，代海军衙门垫支 200 万两。开战的第一个月，翁同龢就在李氏奏请购船案内拨银 250 万两，嗣后又提拨 400 万两。而当时北洋也并不缺钱。战争结束前，李鸿章赴日议和，行前向署直隶总督兼北洋大臣王文韶列册交代，仅淮军所存银就多达 800 万两。仅此一项，即可知当时北洋并不缺钱，李鸿章尽可用这些钱向外洋购买新式船炮。因此，说翁同龢以军费掣肘李鸿章造成甲午战败之说不能成立。历史披露的真实情况是：李鸿章为了讨好慈禧太后，竟挪用了海军经费银 1000 多万两帮助慈禧修建颐和园，这才是造成北洋海军经费严重不足，导致甲午战败的原因之一。

郑工决口堵塞并不顺利，到光绪十五年年底，尚缺二百余丈决口堤坝修筑费用。经负责承修堵塞决口的吏部尚书李鸿藻、河道总督吴大澂、河南巡抚倪文蔚的奏请，户部前后又两次拨银 500 万两。同一时期，山东巡抚张曜以山东境内黄河连年为灾，奏请拨银 180 万两加以整治，得旨允准。两江总督刘坤一也请求拨款治理苏北里下河水道。翁同龢与户部其他堂官难以应付，经谕准，先后向天津英商、德商洋行借洋债 100 万镑，续借银 3000 万两，才解决各处纷至沓来的请款要求，自此，清政府终于走上借债度日的道路。

阻开中美合资华美银行

与奏请停办海防事例几乎同时，翁同龢与户部堂官还一手阻止了李鸿章与美商合资开办华美银行一事。为此，翁、李关系变得更加紧张。

李鸿章作为直隶总督兼北洋大臣，肩负筹办北洋防务的重任。他要大办海军，兴修铁路，构筑炮台，架设电线电报，开办各类军事学堂等，因此，常常苦于经费不足；又因为慈禧太后大修颐和园提供经费，更感经费支绌。为此，他不得已几次向天津外商银行借贷，但这些借贷除了要有可靠的担保外，利息高低常被挟制，镑价涨落复多亏损。由于借外债不易，他打算"借洋款"，自办银行，结果甫经动议，即遭人反对，未能办成。他想来想去，决定与外国合资办行。正好这时美国银行家表示愿意借款给中国，愿与中国殷实绅商合资开办银行。光绪十三年（1887）七月，李鸿章在天津指令僚属周馥、盛宣怀、马建忠同美商代表米建威、美国费城企业组合代表巴特，共同拟定《华美银行简明章程》十三款。章程除规定银行名称为华美银行和资本数额及银行由美国人担任总办外，还就银行经营活动范围、资本的用处作了专门规定。章程第六、七、八三条最为关键。第六条规定，日后中国修筑铁路、开矿及其他有关重大工程建设项目由该行提供借贷，但借贷前，该行有权派人对工程建设项目作必要的考察，根据工程日后营利情况来确定借贷数目，订立合同。第七条规定，该行可以在中国重要城镇开设分行；有权设厂鼓铸金、银钱币；发行钞票；必要时还可委托中国钱庄、票号承接业务；所有中外通商汇兑业务也一并由该行美籍董事负责稽查。第八条则规定，该行为中国政府旨准特设银行，银行一切经营活动均系奉旨批准，银行营利一半归中国，一半归该行。

从华美银行全部章程内容来看，该行名为中美合办，但因规定美商资本居多，由美商总办该行事务，因此，它实际上是一家由美国金融资本"控制""以美国银元在华办事"的美国银行。该行的根本目的就是借美国金融资本家之手向中国输入美国国内过剩银圆，对中国实行资本输出。对于这个银行计划，李鸿章不但认为"尚属妥帖"，而且表示"俱可照准"，并派遣马相伯代表他前往美国，筹借中方所需要的资本金。

李鸿章与美国合资开银行的消息很快泄露于世，并马上传到京师。翁同龢从儿女亲家、长芦盐运使季士周那里得到了银行章程的内容，大吃一惊。与此同时，户部侍郎曾纪泽也得到了银行章程的部分内容。翁同龢认为银行是国家大政，与外国合资办银行，非同小可，此事与户部直接有关，不能坐视不管。认为华美银行严重损害了国家主权，必须出面加以阻止。曾纪泽也认为银行有害中国，大为不妥。在慈禧太后召见时，翁同龢据闻陈奏，指出合资开办银行利归外人，害遗中国，诚属利轻害重之举，其章程第六、七、八条最谬。请求慈禧太后：若有人为之奏请，请驳不允。在他的影响下，盛昱、黄体芳等人以及八十多位御史先后条陈上奏，指责华美银行开办之非，弹劾李鸿章与美商合资开办银行是"目无君上"，"欺君枉法"，是"越俎代谋"，指责他派遣马相伯赴美之举是"丧心病狂，简直是要卖国了"。为了阻止李鸿章的华美银行计划，翁同龢还找到光绪帝生父醇亲王奕譞，向其陈说利害，请其出面加以阻止。

华美银行计划泄露后，在国际上也引起了不小的震动。由于该行有利于美国资本对华独占，严重损害了其他列强在华权益，因而引起了英、法、德、俄等国的反对。慈禧太后有见于国内外一片反对，决定接受奕譞、翁同龢、曾纪泽等人的意见，两次电令李鸿章停止银行筹建活动。谕令指出：与美商订约股开银行，流弊滋多，断不可行。现在交章弹劾，即行罢议。在慈禧太后的严谕面前，李鸿章不敢抵制，只得放弃华美银行计划，电告美商米建威，银行计划罢议；电令马相伯立即中止与美商的一切洽谈活动，迅即回国。至此，严重损害国家主权利益的华美银行筹开活动正式停止。

建议缓修津通铁路

在李鸿章主政北洋期间，也将修建铁路纳入他的洋务计划。光绪六年（1880），主持修建了唐山至胥各庄之间的铁路，简称唐胥铁路。此后将此路延筑至天津。光绪十四年又正式奏请展筑至通州（今北京市通州），即所谓的津通铁路。李鸿章奏请修筑的理由，除了便利运兵外，还说唐胥铁路所入仅敷养路，若筑至通州，生意兴旺，即可抽出部分资金，用于海军建设。

李鸿章的这项筑路计划送到北京后，经醇亲王奕譞的坚持，很快得到了慈禧太后的批准。慈禧太后谕令户部每年拨银二百万两交修路之用。但当慈禧太后这项谕令一经宣示，立即舆论大哗，引发朝内朝外一片反对的声音。

一些反对的言论不少带有落后的小农生产在现代大工业来到或逼近前所产生的种种惊恐、无奈和悲哀，同时也折射出了当时中国社会存在的、一时又无法回避的问题。户部尚书奎润认为中国民众繁衍，修铁路，用机器是"夺民生计"。内阁学士徐致祥认为津通铁路修筑后，将毁坏农田、庐墓，沿途百姓多迁徙，造成舟车失业，店铺关门，起而为盗者，不利于统治。御史佘联沅则把它们归纳为"害舟车""害田野""害根本""害风俗""害财用"，认为"其利不在国不在民，仅在洋人"。这些激烈的言辞中掺和着是是非非，但思想落后于现实，对现代交通运输工具铁路缺乏全面认识也是显而易见的。

津通铁路修筑与户部关系密切。在朝廷上下一片反对修建的情况下，翁同龢的态度为舆论所瞩目，成为关键。就翁同龢的思想倾向而言，他不反对修铁路。光绪七年（1881），他与孙家鼐曾连衔上过一道奏折，指出铁路与电线互为表里，电线既行，铁路自应修建。但身为户部尚书，具体到津通铁路修建，则有他个人具体的看法。他认为目前国家财力有限，入不敷出，仅靠举借洋债度日，根本拿不出钱来开办重大工程。所以，他不赞成现在就修筑这条铁路。此外，翁同龢还认为：一、当前西方列强正在争抢中国的铁路修筑权，若津通铁路一开筑，各国势必趁机插足，仿效开筑，到时欲罢不能，阻止不得，为国家利害计，此路目前不宜修筑。二、时值天下多灾，民生困苦，顺、直大水，河决郑州，晋豫奇荒，竟至"人相食"，江南大水，东南少苏，云南地震，等等，普天之下，哀鸿遍地，亟待赈济的灾民不下千万。在他认为，当前要急之务是拨款赈灾，而不是重大工程上马。三、津通铁路与北运河几乎平行，此路一修，势必连累沿途以河为生的民众生计，这是当局不能不考虑的现实问题。津通铁路沿线本有水陆两路，水路有船民数万，陆路有轿夫、村酤、店铺、旅馆及以负贩为业者，总计不下数十万。津通铁路一开，这些人势必生计无着，本业顿失，一些人很可能沦为盗贼，政府不能不考虑这些情况，因此，他主张津通铁路暂缓修建。

由于反对修路的官员较多，光绪十四年（1888）十月，慈禧太后下令总理海军事务衙门会同军机大臣再次会议具奏。次年正月，又谕令六部堂官、各省督抚将军详议复奏，结果赞成修建此路的只有刘铭传一人，反对的有卞宝第、陈彝、奎润等十多人。翁同龢与孙家鼐联衔复奏，仍主张缓修。在所有复议折中，主张缓修的也唯有他们两人。

由于当时光绪帝亲政在即，为了造成一种祥和的气氛，也是为了调停言论，慈禧太后采纳了两广总督张之洞的建议，罢建津通，改筑卢（沟桥）汉（口）铁路。至此，扰攘了几个月的津通铁路修建与否之争暂告一段落。

缓修就是不修，停建。李鸿章把罢建归咎于翁同龢，认为是翁同龢鼓动一班御史上奏反对的结果。李鸿章在北洋大臣衙署公开讪诮翁同龢，说他迎合一班清流，故作姿态。翁同龢知道后，态度很平静，说"合肥以铁路事颇讪诮余，不足道也"。在日记年终结语中，他颇有感慨地写下了下面这一段文字："虽郑工合拢为可喜事，然亦不足称述矣。况火轮驰骛于昆湖，铁轨纵横于西苑，电灯照耀于禁林……历观时局，忧心忡忡，忝为大臣，能无愧恨。"

这里讲的所谓"火轮驰骛于昆湖"，是指慈禧太后派善庆在颐和园内办昆明湖水师学堂，置办游艇和汽机船。它的建立，每年耗费银五六十万两，不是用来保卫海防，纯粹是为慈禧太后的享乐和安全。所谓"铁轨纵横于西苑"，是指慈禧太

105

后在宫中修建了一条从中南海紫光阁到镜清斋（今称镜心斋）的西苑小铁路。而"电灯照耀于禁林"，则是指慈禧太后下令在颐和园万寿山下玉澜堂、排云殿和湖滨长廊安装彩灯，尽情享乐。这是一段慨叹时势、忧时愤世的话，后来有人将它说成是翁同龢反对洋务新政、反对修建铁路的证据，并将翁同龢说成是反对洋务的顽固守旧官僚，这显然是对翁同龢上述这段文字的曲解，也是对津通铁路这场争论的真相缺乏充分了解所致。如果我们从当时各国正利用修建铁路扩大对中国的侵略，了解清政府财政万分支绌的情况，再替主管全国财政的翁同龢设身处地想一想，只要想到从慈禧太后到政府各部门都伸手向他要钱，"求拨者纷来，想见仰屋之苦"，我们对翁同龢的一片忧国忧民之心以及他主张缓修津通铁路一事便不难理解了。

第 8 章

再参军机

光绪二十年（1894），日本一手挑起侵略朝鲜和中国的中日甲午战争。翁同龢第二次授为军机大臣，入参军机。他全力支持光绪帝主战，反对对日妥协，坚持武装抗击日本侵略。在马关议和活动中，反对割让台湾。兼任总理各国事务衙门大臣后，奉旨筹借对日赔款，办理中德胶州湾、中俄旅大租借谈判交涉。针对列强图谋瓜分中国的形势，为了抵制外国资本侵略活动，他大力支持本国的铁路银行建设。

参加会商中日朝鲜问题争端

明治维新后，日本对外实行侵略扩张的政策。在所谓"征韩论"的口号下，将侵略矛头指向朝鲜半岛。光绪二年（1876），日本武力胁迫朝鲜签订朝鲜近代史上第一个不平等条约《江华条约》。条约开头就标明朝鲜"乃自主之邦"，"不认为中华属国"。日本此举不仅引起了清政府的不安，同时还起了一种诱导作用。金玉钧所领导的、带有近代国家意识的开化党就是在这一背景影响下出现的。金玉钧对封建宗主政治表示唾弃，主张朝鲜应建立近代国际关系。见朝鲜王朝危弱，列强环伺，清政府和李鸿章主张引导朝鲜同欧美各国立约通商，以此牵制俄、日等国，避免被日、俄吞并。这种因宗主国无力保护属国，采取所谓"以夷制夷"的做法，结果反而进一步加剧了朝鲜的危机。

光绪八年（1882），朝鲜发生了具有反日色彩的壬午兵变。事后中国派吴长庆率淮军数千人赴朝"代平内乱"，这是中国自元朝以来，干涉朝鲜内政最为积极的一次。然其动机主要是为了防日。此后中日在朝鲜的对抗日益加剧。光绪十年（1884）发生亲日派诛杀"心服中国者"的甲申政变。根据事后中日在天津签订的会议专条，日本在朝鲜取得了同中国对等的驻兵权。中日在朝鲜由外交对峙直接变成了军事对抗，直到光绪二十年爆发甲午战争。

光绪二十年（1894）二月，朝鲜爆发东学道起义。四月，起义军已达到十多万人，先后占领全罗、忠清、全州等大片地区。朝鲜国王因无力削平起义，向清政府求援。为了履行宗主国的义务，清政府于五月派遣直隶提督叶志超、太原镇总兵聂士成率淮军一千五百余人乘轮东渡入朝，帮助镇压起义。日本得知中国出兵朝鲜后，也以护商为名，派兵进驻仁川、汉城，其人数远在中国之上。五月底，东学道起义失败，朝鲜国王以

"乱事已平"，要求中日同时撤兵，遭到日本拒绝。非但如此，日本继续源源不断增兵朝鲜，并抛出所谓中日共同改革朝鲜内政的方案，想以此将中国拖在朝鲜，陷入它早已预设好的战争圈子内。由于日本的阴谋、挑衅，朝鲜的局势一下子变得严峻起来。

中日朝鲜问题争端发生后，李鸿章主张通过外交途径来解决，先后挽请英、俄调停。在朝鲜的叶、聂两军有见日军大举入朝，深感处境危险，多次呼吁李鸿章增兵朝鲜，择险要驻扎，遭到李氏的斥责。李鸿章对于朝内朝外要求添兵朝鲜呼声则一概置之不理。其所作所为引起了众多忧心时局的官员严重不安。到六月底，侵朝日军已多达万人，形势对中国非常不利。内阁学士文廷式、御史张仲炘等十多人先后条陈上奏，要求军机处火速采取行动，应对日本，但在礼亲王世铎主持下的军机处孱弱无能，军机大臣孙毓汶、徐用仪仰承李鸿章鼻息，甚至擅自修改各方来的电文，向朝廷封锁消息。面对如此严重的国际冲突，清廷枢要竟如此毫无作为，令人可叹。

此时，光绪帝已亲政多年。他从翁同龢、孙家鼐等师傅口中以及文廷式等人的奏折中，多少知道朝鲜局势的严重性，于是，派遣翁同龢与李鸿藻列席军机会议，参与筹商解决中日朝鲜争端事宜。在六月三十日的军机会议上，翁同龢提出朝鲜局势严重，应立即添兵朝鲜，作好对日作战准备。建议调东三省及驻旅大防军先行入朝。考虑一旦中日开战，久暂难定，应饬令沿海沿江各省"设防"。对于日本提出的中日共同改革朝鲜内政一事，他认为也不应该拒绝。但他又认为改革应由朝鲜自行经理。日本既认朝鲜为自主之邦，中国向不干涉朝鲜内政，日本无权代为"操办"，日本断无以重兵欺压强令改革的道理。在会后的复奏折中，他名列会议诸臣之首。当时不仅光绪帝主战，而且慈禧太后亦主战，甚且有"撤兵可讲（指讲改革朝鲜内政），不撤不讲，有不可示弱"语，这也进一步增强了翁同龢主战的决心。翁同龢表示一定"佐少主，张国威"，支持光绪帝主战立场。但这种主战非常脆弱，待到日本一手挑起战端，清军水陆溃败，慈禧太后首先就转向对日妥协求和了。

英、俄等国有见日本蓄意挑起战争后，在得到日本对它们在朝、在华有关利益保证的条件下，拒绝调停。直到此时，李鸿章才在光绪帝的谕令下，匆忙作军事部署，一面派卫汝贵、马玉昆、左宝贵、丰升阿等人率兵开赴平壤；一面租用英轮"高升""爱仁""飞鲸"三轮运载淮军两千余人增援驻守牙山的清军。然而这一切均为时已晚。六月二十一日，日军攻占朝鲜王宫，扶持大院君李昰应，接着向驻守牙山、成欢的叶、聂两军发动进攻。清军几经交战，终因寡不敌众，弃守驻地，沿东海岸往北而行，与前往平壤的大队清军会合。在海上，就在中国运兵船到达牙山附近的丰岛海面时，日本海军发动突然袭击，当即击沉"高升"号，船上千余名中国官兵除少数被外国商船救起外，大部分牺牲。运载弹药和饷银的"操江"号舰因速率缓慢和护航的"济远"号弃之不顾，结果被俘。

牙山、成欢之战和丰岛海战后，中日议和协商解决朝鲜争端已不可能。有见于此，翁同龢在军机会议上提议：撤回驻日公使，中日断交，禁止日货进口，对日宣战；催促卫、马、左诸军星夜兼程驰赴平壤，作好与日本接仗准备；调袁世凯来京，备供咨询；派胡燏棻督办辽东粮台；派盛宣怀办理安东至平壤间的电报电线。他的这些意见和建议，因孙毓汶等不赞成，而未能付诸实行。有见日本海军频繁出入我国黄海海面，军机会议上，翁同龢建言沿海沿江各省"办防"，采纳门生张謇的建议，奏保刘永福办理台湾防务，以福建水师杨歧珍辅之。建议刘坤一帮办南洋防务，刘铭传帮办北洋防务。又见台湾巡抚邵友濂与布政使唐景崧"不睦"，建议留唐去邵，任命唐氏署理台湾巡抚。

八月十六日，日军向平壤清军发动总攻。左宝贵壮烈殉国。清军统帅叶志超畏敌怯战，率军仓皇逃回国内。两天后，日本海军联合舰队在黄海大东沟海面挑起中日海战，双方激战数小时之久。交战中，北洋海军舰队虽然给日本海军以不小的打击，但自身损失也很大。平壤溃退和黄海海战激起了主战官僚的愤懑。在军机会议上，李鸿藻等指出这一切都是李鸿章一味主和、迁延致误的结果，要求朝廷"治李鸿章罪"、罢免海军提督丁汝昌。翁同龢支持李鸿藻的意见。在强大的舆论压力下，慈禧太后仅给李鸿章褫夺黄马褂的"薄惩"，将丁汝昌"革职留任"。

光绪二十年，适逢慈禧太后六旬万寿。战争爆发后，庆典筹备活动仍在继续，翻造踩路，油饰殿宇，在主要交通口搭建彩棚、戏台等。这一切对翁同龢来说，更有一种说不出的烦恼，即承办庆典活动的内务府不停地向户部要钱，翁同龢及其他户部堂官很为难，他就此向光绪帝作了奏报。在光绪帝的示意下，南书房、上书房的李文由、王懿荣、盛昱等先后条陈，以防"倭奸混入"为词，要求停止庆典活动，移祝寿费为战费。翁同龢也鼓足勇气，与户部堂官联衔陈奏，以部款为难，要求停止"庆典工作"。这些活动引起慈禧太后的强烈愤慨，下令裁撤毓庆宫书房，以此遮断翁同龢与光绪帝的联系。后经奕䜣出面求情，书房才保住未撤。

庆典之期在十月，由于时间日近，慈禧太后希望在庆典之前结束战争。还在甲午战争爆发前，沙俄驻华公使喀希尼曾向李鸿章作口头保证：十多年前中俄相约共保朝鲜，现在俄国仍承认有效，如日本强夺朝鲜，中俄应"会同保护"。慈禧太后幻想俄国能出来保护朝鲜。她召见翁同龢，要他前往天津向李鸿章传达她的旨意。由于中日战局未定，俄国认为还不到出面干预的时候，又看到英、法等国均无意以武力压服日本，故不愿出面干涉。慈禧太后这次联俄求和活动未能成功。

九月下旬，日军越过鸭绿江，将战火延烧到中国境内。并很快侵占九连、安东、凤凰以及长甸、宽甸、岫岩、海城、金州等诸多城镇。到九月底，旅顺、大连先后失陷，辽阳危急，日军将战场一直推进到山海关一线。面对辽东严重的军事形势，翁同龢忧心如焚，在军机会议上，他建议速调山西、河南清军开赴前线。有见淮军不堪一战，提出以湘济淮，湘淮并队，共同作战。建议起用前淮军将领唐仁廉带兵出关击敌，举荐湖南巡抚吴大澂招募湘勇协助淮军。到十月下旬，调往山海关前线清军已达百营之多，他又建议起用两江总督刘坤一为钦差督办军务大臣，吴大澂、宋庆为帮办军务大臣，统一指挥作战，得旨允准。然而湘军和淮军一样腐朽，不堪一战，一经接敌，无不溃败。到次年一月底，清军在辽东战场的失败已成定局。有见旧军不堪使用，翁同龢建议聘请德国退伍军官汉纳根为教练，帮助中国编练新军。此一建议后来具体落实为由长芦盐运使胡燏棻在天津小站招募编练新军五千人，胡氏调任他职后，新军改由袁世凯负责编练，这就是近代史上有名的"小站练兵"。不过这种临阵磨刀擦枪，仓促编练新军根本无助于改变战局。光绪二十一年（1895）一月，日本拒绝了清政府派出的以张荫桓、邵友濂为使臣的议和使团，出兵山东，占领荣城，并攻占北洋海军最后一个基地威海卫及北洋海军提督衙门所在地刘公岛。经过三十多年经营、耗银数千万两建成的北洋海军至此全军覆灭。日本早就图吞台湾，为了给日后占领台湾造成既成事实，接着又挥兵南下，向台湾、澎湖地区发起了疯狂进攻。

反对割让台湾

威海卫失陷后，清政府决定向日本无条件投降。慈禧太后下令开去李鸿章的一切处分，派其前往日本马关议和。

李鸿章认为日本要求割让台湾是意料中的事，但他不愿担负卖国的骂名，所以不愿由自己亲口提出来。二月二十七，李鸿章来京请训。御前会议讨论割台问题。李鸿章表示割让台湾，不敢承担。认为日军占地索银，户部未必能拿出这笔款子。李氏的意思是要朝廷授他割让台湾之权。围绕着台湾割让与否，统治集团爆发了一场激烈的争论。

保守台湾是翁同龢的一贯主张，还在中法战争期间，他就指出台湾关系东南大局，台湾失，东南无宁岁。甲午战争爆发前，鉴于日本海军不时在我国沿海游弋，翁同龢就致函闽浙总督谭钟麟，建议起用抗法名将刘永福，谭氏接受了翁氏的意见，任令刘永福戍守台南。翁同龢见此大喜，称"南天得此一柱，疆圉可安"。甲午战争爆发后，翁同龢与台湾巡抚唐景崧以及爱国人士丘逢甲、俞明震彼此存问，书信往还不绝，对于台湾防务给予极大关心。日军进攻台湾、澎湖后，有部分官员主张舍南就北，可置台、澎于不顾，专保辽东一线，翁同龢力持不可。他说辽东要保，台湾要保，弃守台湾，东南将不保，此后中国将永无宁日。二月中旬，台湾军民抗日斗争空前高涨，台湾人许伦华致函翁同龢，谓"土勇可用"。他立即以军机处的名义，电函唐景崧设法招募，勤加训练，以备对敌作战。唐氏要求清廷拨款接济，并致电户部代购军械。孙毓汶、徐用仪以山海关前线军务吃紧，表示反对。翁同龢、李鸿藻批评说：彼等（指唐景崧、刘永福）在汤火中，岂能忍心见危不援，见死不救？翁同龢代表户部发寄银款五十万两，以表示对台湾军民抗日的支持。由于用款仍不敷支用，他又代拟电旨，饬传台湾士绅林维源垫拨一百万两。三月二十九，中日议定停战，但日方蛮横地规定台湾、澎湖不在停战之列。翁同龢、李鸿藻得报后，立即代拟电旨，饬令唐景崧加紧防守，不可松懈。唐氏再次紧急求援。在翁同龢、李鸿藻、汪鸣銮等人努力下，光绪帝令闽浙总督筹械添兵援台，饬令谭钟麟、唐景崧"设法暗渡"，以济澎湖军火。并电令署两江总督张之洞协助筹办此事。翁同龢又一次代表户部从汇丰借款中先拨五十万两派人运台，饬令上海源丰顺号照数借给，以足百万两之数，一并解台。在澎湖、台湾失守前，根据翁同龢、李鸿藻等人建议，光绪帝的谕令，谭钟麟先后接济台湾军民毛瑟枪子弹三万粒，张之洞调遣南洋兵轮两艘前往台湾，运去大批援台物资饷械。

由于翁同龢、李鸿藻等坚决反对割台，御前会议时，翁同龢未等李鸿章的话说完，当即表示：纵使多赔偿日本一些银两，户部当尽一切努力，但台湾万万不可割让日本。但主和的孙毓汶、徐用仪等则坚持若不割地，和谈便不能开议，到时便无法了局。四月初六，讨论国敕书稿，翁同龢对李鸿章说台湾万无议及之理，明确表示反对割让台湾。在翁同龢看来，台湾轻易割弃，恐将从此失去人心。但慈禧太后为了保住自己的统治，置国家、民族利益于不顾，正式授予李鸿章割地赔款的全权。李氏赴日前拜访翁氏时，谈话间，翁同龢又一次言及台湾问题，请李氏多"留意"。次日，翁同龢前往李氏下榻的贤良祠回访，再次叮嘱"台湾万无议及之理"，要李氏在和谈中坚持再坚持。但后来的事实证明，李氏在和谈中并未坚持，在日本压力下，他甚至说台湾已是日本口中之物，要日本不必性急。在签订的《马关条约》中，李鸿章竟答应割让辽东半岛、台湾全岛及附属岛屿、澎湖列岛给日本。台湾就这样被割让了。

《马关条约》的内容传到北京，翁同龢当即声泪俱下。军机会议时，他"力陈台不可弃"。御前召对，再次"力言台不可弃，气已激昂"。但孙毓汶、徐用仪以"宗社为重，边徼为轻"为由，坚持割让台、澎。在毓庆宫书房，翁同龢又向光绪帝哭诉，要求光绪帝拒绝批准和约。在全国绅民反对割台炽热爱国浪潮的鼓舞下，翁同龢一连数日，与主和派面折廷争。当时奕䜣卧病在家，不常到班。翁同龢、李鸿藻亲自前往恭王府，打算说服恭亲王，但奕䜣也认定不割地便无法结束战争，反而指责翁同龢是"徒扰无谓"，嫌他"太讦直了"。四月初二，军机大臣看望奕䜣，翁同龢再次询问奕䜣对割台的态度，奕䜣握住孙毓汶的手说："速定为是。"翁同龢见此，愤而先归。在当天的日记中他写下了"覆水难收、聚铁铸错，穷天地不塞此恨"，为《马关条约》的签订，台湾的割让抱恨不已。

《马关条约》的签订和日本的崛起，改变了列强在远东的均势，沙俄以日本夺得辽东半岛有碍俄国在远东的利益，联合德、法，强迫日本退还辽东半岛。日本虽有不愿，因已打得筋疲力尽，无力对付三国，最终答应了要求，在向中国勒索银三千万两后，将辽东半岛归还中国。

116

三国干涉还辽事件发生后，翁同龢和主战官僚曾开展"押台"给德、法，企图赎回台湾，最终保住台湾的活动。列强对台湾久存图占之意，法国政府向中国提出"立约护台"的要求，并派遣商船、军舰前往活动。"立约护台"燃起了主战官僚拯救台湾的一线希望，翁同龢对此极为关注，认为机不可失。军机会议上，他不顾奕䜣等人劝阻，建议电令正在法国访问的王之春就此事同法国进行磋商交涉。在他说服下，总理各国事务衙门派大臣先后访问了法国驻华公使吕班，嘱其"电告外部立约护台"。

　　德国一直谋求在中国获得一块土地，有见法国表示愿意"立约护台"后，也要求中国电饬驻德公使许景澄同德国外交部接洽"商请阻割台湾"。翁同龢有见于此，干脆提出与其请法国一国护台，不如请英、俄、法、德四国同时出面帮助中国，迫令日本放弃台湾。翁同龢的提议得到军机处和总理各国事务衙门多数大臣的同意。而台湾绅民得知三国干涉还辽后，也纷纷要求趁机将割台一条一并删去。四月初，清政府以"台民誓不从倭，将来交割万难措手"为由，训令许景澄向俄、德两国政府交涉："台民不愿从倭，意在他国保护"，要他"将此情景电商俄外部能否仍联三国设一公同保护之策"。又电饬李鸿章，要他以"台民不服，势将变乱，中国难以交割"，同日本交涉。

　　对于清政府挽请各国帮助中国护台的做法，各国看法并不一致，英、俄在远东矛盾已久，英国担心俄国势力南下是对英国在远东利益的威胁，有"挟日制俄"之意，想借用日本牵制俄国，阻止俄国势力南下，所以对立约护台不感兴趣。俄、德两国也无意于护台。沙俄在得到日本有关退还辽东半岛的确切保证后，立即掉过头来劝告清政府与日本换约。法国虽有染指台湾之意，有见英、俄、德无意插足台湾，遂也不再坚持，借口中日已经换约，法国政府不便出面，拒绝了清政府的要求。在经过这一番挫折之后，翁同龢认定请各国"立约护台"，"赎台"显然不可能。他的希望至此破灭。《马关条约》签订不久，日本就调集重兵，大举侵台。清政府迫于列强和日本的压力，四月中旬，下令全台文武官员内渡，任命李经方办理交割台湾事宜。五月初七，李经方同日本办理完交割手续，日本随即对台湾实行全面进攻。台湾军民同日军展开浴血奋战，掀开了中华民族反对外来侵略、誓死不当亡国奴极为悲壮的一页。日本对台湾殖民统治奴役长达半个世纪，直到 1945 年日本在第二次世界大战战败投降，台湾才重新回到祖国的怀抱。

筹措对日赔款，办理对德、俄交涉

甲午战争后，因为筹措对日赔款和对外交涉的需要，翁同龢作为军机大臣还奉旨兼任总理各国事务衙门大臣。

根据《马关条约》的规定，中国需赔偿日本库平银 2 亿两，若加上赎辽费 3000 万两，合计为 2 亿 3000 万两。要支付如此巨额赔款，只能向西方国家借贷。翁同龢与户部其他堂官敬信、徐用仪、张荫桓等出面，先后向俄法、英德进行三次借贷，这些借贷不仅息重、折扣多、期限长，而且还附带其他苛刻条件。第一次为俄法借款，总额 4 亿法郎，折合银 1 亿两。年息 4 厘，九四又八分之一折扣，以海关关税为担保，偿期 36 年。通过这次借款，俄国获得了中国海关管理权，中东铁路可以穿越中国境内直达海参崴，以及华俄道胜银行可以在中国设立分行等权利。法国则强迫清政府与之签订新的《中法分界通商条约》，夺得云南宁洱县属的大片土地，扩大在云南通商贸易、修建铁路等权利。第二次、第三次均为英德借款，这两次借款不仅息重期长折扣多，而且损失的权益更多，较俄法借款还要吃亏。为了减少因借款而造成国家权益的大量损失，在第三次英德借款前夕，翁同龢与户部官员曾主持发行昭信股票，想通过国内渠道筹借，偿付剩余日本偿款。但因系国内第一次发行股票，人们对股票性质缺乏了解，加上偿款时间仓促，舆论宣传、组织等各方面存在缺陷，这次国内筹款未能成功。最后还是向英德进行借贷。根据翁同龢日记及其未刊资料记载，中国支付日本偿款实际上远不止 2 亿 3000 万两。在中国支付赔款的过程中，日本借口中国库平银两成色不纯、分量不足，提出"库平须实足色"，仅此一项，就向中国多勒索银近 3000 万两。日本担心在中国支付赔款之日，国际金银汇率不利于日本，硬是强迫中国与之签订由日本单方面提出的所谓"划立镑价"，仅此一项，又使中国受亏 2000 余万两。此外，日本还利用驻军威海卫等地，要中国承担其全部费用银 350 万两。三项加起来，迫使中国多付日本银 5350 多万两。总之，日本通过发动甲午战争，向中国勒索的银两至少在 2 亿 8350 万两以上，还不包括战争期间日本从中国台湾藩库及被其攻占城镇中抢去的现银和众多的财富。

德国借口参加三国还辽"有功"于中国，一直向中国提出租借胶州湾（山东半岛）的无理要求，清政府担心此举会引起列强的连锁反应，所以未敢贸然答应。但德国志在必得，遂于光绪二十三年十月，借两名传教士在山东曹州巨野被杀，武力强占胶州湾。

事情发生后，光绪帝立即谕令翁同龢与户部侍郎张荫桓前往交涉。在交涉中，德国驻华公使海靖认为这次教案是山东巡抚李秉衡一手操纵造成的，要求将李氏革职永不叙用。翁同龢当面予以驳斥，指出李氏为朝廷命官，其处分之权在中国，外国无权干涉。后来军机会议时，奕䜣为了早日了结此案，竟同意将李秉衡革职，但翁同龢仍坚持去掉"永不叙用"四字。

交涉一开始，翁同龢代表清政府表示，中国不能答应德国租借胶州湾。但考虑到德国参加三国干涉还辽，"有功"于中国，可另案办理，在南方别指一岛，但德使海靖就是不答应，并以中国若不接受此一要求，就与中国开战，企图以武力胁迫中国就范，翁同龢毫不示弱，断然拒绝继续谈判。就在中德谈判陷于僵局的时候，李鸿章竟背着奕䜣、翁同龢等诸多大臣，伙同工部尚书许应骙托请俄国驻华公使巴甫洛夫转告俄国政府，请俄国出面为中国"代索胶澳"，俄使欣然应允，并立即电告本国。其实，德国武力强占胶州湾一事，是与俄国合谋的结果。德国向俄国表示，承认中国东北和朝鲜半岛为俄国的势力范围，以作为俄国不干涉德国强占胶州湾的交换条件。俄国则表示将派遣舰队占领旅顺大连湾，德国不表示反对。对于俄、德两国幕后的肮脏交易，清政府全然不知。翁同龢得知李鸿章擅自挽请俄国出面"代索胶澳"后，深感事态严重，连夜草折，力陈事情的利害，指出若俄国另有要求，将何以应之?！光绪帝召见时，力斥李鸿章"此举之非"。会后，翁同龢、李鸿章一起找到俄国公使巴甫洛夫，要求其电告本国政府，不要派兵来华。翁同龢又与张荫桓一起分别致电驻俄公使许景澄、代办杨儒，令他转告俄国外务部，此时勿调兵船来华。翁同龢诘问巴甫洛夫：俄国用何法使德国不占胶澳？巴使答"以船镇之"，讲说仍由中国自己去办。并声言，这是俄德两国之间的事，中国无须过问。同年十月，俄国军舰来华后，未责问德国，也未驱逐德军，反而开进了旅顺大连湾，并驱逐中国当地驻军，盖屋屯煤，企图长久占领。

德占胶州湾，俄占旅顺、大连湾，引起了英国的不安。为了抵制沙俄势力南下，英国也将军舰开进了烟台、大连海面，胶州湾事件一下子演变成列强对中国新的掠夺和瓜分。清政府见此，大为惊惧。张荫桓认定拒租胶州湾已不可能，主张屈从德国的要求。为了迫使清政府答应租借要求，德国再次增兵胶州湾，并警告旷日持久地拖延下去"非中之福"。迫于压力，清政府决定接受德国要求，经奕䜣提名，光绪帝任命翁同龢与李鸿章作为画押大臣，同海靖签订了《中德胶澳租借条约》，规定将山东半岛租给德国，租期九十九年。并给予经营山东半岛等诸多权利。翁同龢第一次被派与李鸿章在卖国条约上签字，他感到羞愤难当，深感内疚，"负罪千古"。

胶州湾租借条约签字当日，俄国也提出租借旅大的要求，并限五日内答复。清政府派出翁同龢、李鸿章、张荫桓进行交涉。为了迫使清政府早日答应租借旅顺、大连湾，俄国先后以重金收买了李鸿章、张荫桓。尽管在交涉中，翁同龢同俄使"处处力争""事事计较"，毫不相让，终究无法改变事实。于光绪二十四年三月签订了《中俄旅大租借条约》。

中德租借胶州湾、中俄租借旅顺、大连湾条约签订后，其他列强相率效尤，先后提出划分势力范围、租借港湾、强占租借地的要求。出于对国家民族前途的忧虑，翁同龢在军机会议上提出将全中国向全世界开放的主张：先许各国屯煤处所，然后定一大和会之约，务使各国不占中国之地，不侵中国之权，共保东方大局，庶几开心见诚，一洗各国疑虑。企图利用各国之间的矛盾，造成相互牵制，不能吞并中国。他的这一主张显然是一种不切实际的幻想，在帝国主义殖民侵略的强权时代，根本无法做到。

第9章

维新导师

光绪二十四年（1898）发生的维新变法是一场旨在挽救民族危亡的爱国革新运动。翁同龢主张变法须从内政根本变起，并大力援引康、梁等维新志士，亲手代拟了宣布维新变法的国是诏，一手引导和促成光绪帝发动了这场变法。变法触及了许多封建官僚的切身利益，因而遭到守旧势力的反对，以慈禧太后为首的官僚政治势力通过发动政变，推翻新政。翁同龢遭到革职罢官、交地方编管的重惩，直到宣统改元，才得以平反昭雪。

援引康、梁维新志士

甲午战败所带来的痛苦与屈辱，对处于封建统治最高层的光绪帝和翁同龢来说，使其精神上的压力尤为沉重。失败带来的警悟是理性思维的结果，同时也是一场变革的起点。翁同龢

"深以旧法实不足恃"，日渐萌生变法的念头。还在战争期间，他就曾与盛宣怀、胡燏棻、伍廷芳等人函论户政、兵政、工政等当须改革，以及发行印花税、设银行、办邮政、修铁路，整顿水陆军务、学校、赋税等问题。战后，一些持改良主张的人士审时度势，著书立说，陈说时局，甚至一些在华传教士也先后条陈建言。这些变法主张引起了翁同龢密切关注。他阅读了诸如陈炽的《庸言》、汤震的《危言》等变法著作，同英国传教士李提摩太、美国传教士李佳白及英国驻华公使欧格讷讨论过有关聘用西人，采用西法的问题，彼此就币制，设立新政部，教育部，筑路，开矿，举办实业，整顿海陆军，开办报纸新闻等，乃至中外设立教案公署，共同处理教案等问题交换看法，李提摩太还为翁同龢代拟维新计划，以供参考。欧格讷力劝翁同龢为了变法，不必"胆小"，李提摩太也劝他"放胆办事"。翁同龢深受鼓舞，甚至把李提摩太写给他的维新计划呈递给光绪帝。

光绪二十三年（1897）十月，德军武力强占胶州湾以及沙俄强占租借旅大事件的发生和第三次筹借对日赔款的困难，再一次给翁同龢思想以强烈的刺激。面对列强无休止的勒索，他深感国家前途阽危，因此，要求改革的愿望愈加迫切。而战后，慈禧太后对光绪帝的压迫及对支持光绪帝的官僚势力的排斥打击，也使翁同龢内心痛苦不堪。光绪帝不甘当傀儡，不愿做亡国之君，颇想厘定国政，有一番作为，翁同龢表示完全赞同。翁同龢很想通过实行变法，帮助光绪帝从慈禧太后手中夺回政权，使皇权巩固，国势增强。但要做到这些仅靠他一个人是办不到的。当时在朝廷中，翁同龢的门生故旧虽然不少，但他们大多为翰林编检、部院郎曹，不占角要。他迫切需要一股新的政治力量来实现他的变法理想。

光绪二十一年（1895）《马关条约》签字前夕，康有为、梁启超等联合各省在京应试的举人一千三百多人，联名上书光绪帝，要求拒和、变法、迁都、再战，这就是有名的"公车上书"。"公车上书"是近代中国士大夫的集群，是民族危机迫发下的产物。它向人们展示了一种新的政治力量，这种把抵御外侮与改革内政合为一体，以救亡图存相号召，要求通过皇帝实行自上而下的改革的行动引起了翁同龢的极大兴趣和密切关注，翁同龢决定援引这股新兴力量，并通过自己手中的权力和帝师的特殊地位，支持维新志士的变法活动。

康有为，原名祖诒，字广厦，号长素，又号更生，广东南海人。梁启超，字卓如，号任公，别号沧江，又号饮冰室主人，广东新会人，康有为的弟子。康有为早年受业于名儒朱之琦，崇奉顾炎武、黄宗羲、龚自珍、魏源的经世之学，深怀抱负，以"经营天下为志"。少年时代的康有为除了学习应试的四书五经外，还泛览中外史地、典章制度方面的著作，尤酷好《周礼》。此外对《王制》《太平经国书》《经世文编》《文献通考》《天下郡国利病书》《读史方舆纪要》也多研究。青年时代他漫游香港、上海、澳门，涉猎西学书籍，有凡《西国近事新编》《环球列国纪要》以及西方自然科学方面的著作无不阅读。康有为的这些志趣、爱好、经历，同青少年时代的翁同龢颇有些相似。康氏读过的书，翁同龢几乎全都读过。翁同龢还曾与同学讨论过《周礼》能否行之于今的问题。几乎在康氏游览上海的同时，翁同龢也多次游览了上海，涉足"上海夷场"。购求阅读西学书报，两人都得出了"西人治国有法度"类似的看法。在忧危国家前途命运和留心外事等问题上，翁、康两人的想法也很接近。康有为把他学习所得铸为维新变法的主张，翁同龢则利用自己在毓庆宫授读的机会，把自己西学的知识、闻见、感受灌输给光绪帝，将有关西学著作直接荐呈给光绪帝。翁同龢与康有为后来之所以能走到一起，在政治上一度合作，共演维新变法的惊人一幕，光绪帝之所以那么欣赏康有为的变法主张，是同他们上述这些共同之处分不开的。

此外，康有为在学术思想方面，推崇公羊学。而公羊学是今文经学的核心。在这点上与翁同龢、潘祖荫等也颇为相近。不过翁氏、潘氏崇尚今文经学，研究公羊学说只是为了汲取其中的微言大义，从中寻找改革现存政治的依据。而康有为在很大程度上是"借经术以饰其政论"，将公羊三世说演绎为据乱世、升平世和太平世，以此来打造变法的理论。所以两者既有共同之处，又有所区别。后来翁同龢举荐康有为，支持和帮助维新变法是同他与康、梁在学术思想方面"有相互汲引之处"分不开的。以天下为己任的忧患意识、经世致用的学术思想是他们共同合作的思想基础。但后来翁同龢指责康有为"说经家之野狐禅"、对康有为变法步骤方法有所保留，其原因也盖源于此。

对翁同龢来说，康有为的名字早已熟悉。还在光绪十四年（1888），康有为从广东到北京参加顺天乡试期间，就曾以布衣的身份上书光绪帝，呼吁变法；并投书翁同龢、潘祖荫和徐桐等人，阐述他的变法救亡的主张，但康氏的上书活动并未引起翁同龢等人的重视。不过，翁同龢虽没有接见康有为，但他对康氏的变法主张却十分欣赏，并将其中的要点专门择录下来。而这一次的"公车上书"，使翁同龢对康氏刮目相看，决心擢拔他。不惜以中央一品大员和帝师的高贵身份，亲自前往康有为下榻的粤东会馆。但这次造访因康氏外出而未能相见。待到康氏归来得知此事，既惊又喜随即前往翁宅叩拜。翁氏、康氏大有相见恨晚之意。康有为三句不离宣传变法，他将自己比作日本明治维新志士西乡隆盛、大久保利通、木户孝允等，而把翁同龢比作拥护天皇、赞成维新变法的元老重臣三条美石等人。翁同龢清德雅望，为朝野所重，他与康氏的这次会见，给维新志士以极大的鼓舞，维新派把他当成知己。康有为则尊称翁同龢为中国维新第一导师，想通过他将变法主张直接传递给光绪帝，希望能直接同光绪帝发生联系。

翁同龢利用在书房可以与光绪帝单独见面的机会，向其汇报了与康氏见面的情形，并进呈康有为送给他的变法著作《日本明治变政考》《俄彼得变政记》以及传教士李提摩太送给他的中译本《列国变通兴盛记》《泰西新史揽要》等书。正好此时，康有为的第三书送到光绪帝手中，遂引起他的兴趣。此后，翁同龢同维新人士进行频繁接触，先后延见了黄遵宪、谭嗣同、林旭、汪康年等人，同他们就练兵、边防、内政、外交等变法问题交换看法。在翁同龢的鼓动下，一些倾向光绪帝、力主改革的官僚如李盛铎、徐致靖、文廷式、盛昱、沈曾植、沈曾桐、陈炽、黄思永、张孝谦、丁立钧等人也相继同康、梁等维新志士发生接触和建立联系。

翁同龢对维新派的支持态度推动了维新变法舆论宣传的高涨。光绪二十一年下半年，康有为、梁启超、文廷式、陈炽等在京师发起成立了强学会，以变法相号召，以强国、强种为指归。翁同龢对强学会的成立表示欢迎，并代表户部，拨银一千五百两作为常年活动经费，予以支持。强学会因遭御史杨崇伊弹劾被迫关闭后，他又借另一名御史胡孚宸奏请开设官书局之机，说服光绪帝下令发还被查抄的强学会的图书、仪器，另立官书局，继续作为宣传变法的机构，并代表户部拨银千两，作为活动费用，推荐陈炽、杨锐、徐仁铸等人主持其事。他的意见获得了光绪帝的批准。

代拟宣布变法的国是诏

在维新派的推动下，翁同龢于光绪二十一年十一月，令户部主事陈炽代为起草了十二道新政诏书，准备交光绪帝陆续颁布施行。这十二道诏书的内容主要是：汰冗员、停捐纳、修则例、裁绿营、改科举、练新兵、办学堂、荐人才、筑铁路、开银行等。翁同龢将这些新政诏书底稿拿去同奕䜣商量，想争取支持，不料却遭到反对。翁同龢这次变法计划未能实现，并因奕䜣的奏报，也引起慈禧太后的反感。为了阻断翁同龢与光绪帝的联系，慈禧太后下令裁撤毓庆宫书房。但翁同龢对变法并未灰心，为了争取早日实现变法仍进行不懈的努力。

光绪二十三年十一月，贵州学政严修奏请开设经济特科。翁同龢认为这个建议不但可以增设新的考试科目以取代八股，而且还是发现和选拔人才、推动变法的好途径，极力表示赞成，并建议以外交、内政、军事、理财、格物、考工等六个方面内容为题开考。由于他的坚持，严修的这个奏议，获旨谕准。后因翁同龢的开缺和戊戌变法失败而未能如期开办，直到光绪二十七年（1901）后才正式举行。

胶州湾事件发生后，康有为从广东火速赶到京师，又一次上书光绪帝，要求效法俄国彼得大帝和日本明治天皇，纡尊降贵，维新变法。但这次上书因工部尚书松溎的阻挠，未能上达。康有为情绪低落，决意南归。翁同龢得知后，又一次前往粤东会馆，看望康氏，并告知：已在皇上面前保荐他，请破格擢用，委以重任。他当即表示留京不走，等待起用，协助皇上变法。

沙俄强占旅大事件发生后，光绪帝深知非变法不能立国。翁同龢也力主变法需从内政根本着手。当时康有为进呈了上皇帝第六书，条陈变法先后缓急次序，建议采用南书房、上书房、会典馆之例，设制度局于宫中，广选天下通才，备充顾问，协助皇上变法；制度局下设法律、官制、财政、学校、外

129

交、农商、工矿、教育、邮政、海军、陆军、旅游等十二部。康有为在自订年谱中说设制度局本出自翁同龢的建议："常熟欲开制度局，以我值其中。"以康有为"值其中"，充分反映了翁同龢对康有为的信任。设制度局于宫中，就是建立维新变法的中央领导机构，由维新派掌握中央议政权、行政权和地方改革的领导权，一句话，就是向顽固守旧官僚全面夺权。所以，此议一经传出，举朝"震愕"。荣禄等人一眼就看出其中的要害，大骂"开制度局是废我军机、内阁、六部，吾宁可忤旨，决不答应"。刚毅则大肆散播谣言，说康有为要尽废所有衙门，以致朝内朝外对康有为咸恨之入骨。由于守旧官僚势力的阻挠反对，翁同龢开设制度局的变法计划未能实现。

光绪二十四年（1898）四月，奕䜣在久病之后去世。由于奕䜣生前对变法持保留态度，所以，翁同龢建议光绪帝应趁其去世之机，立即宣布实行变法。光绪帝表示同意，并谕令翁同龢代拟宣布实行变法的国是诏书和设立京师大学堂的谕旨。翁同龢一连几天，闭门谢客，摒弃一切公私杂务，认真撰写。翁同龢认为国是诏是变法的纲领性文件，必须讲明变法的宗旨、方针、政策，不仅要讲清为什么要变法，而且还要阐明如何变法。在如何变法的问题上，翁同龢认为守旧不变，只能是坐以待毙；但如果"专崇西学"，置中学于不领，也不现实。他深深地意识到：若使变法真的卓有成效，那就必须新学旧学兼容，中学西学结合，方能推陈出新，开创历史的新局面。经过连续几天的反复思考修改，最终草成了国是诏。四月二十二日晚，正好张謇来翁宅看望，在翁氏书房"小苏斋"内亲见翁同龢所书国是诏书。由于过度劳累，翁同龢还请张謇代他"书拟大学堂办法"诏谕。国是诏草成后，次日呈递光绪帝。光绪帝就正式向中外宣布了。在国是诏中，翁同龢写道：

谕：数年以来，中外臣工讲求时务，多主变法自强，迩来诏书数下，如开特科，裁冗兵、改武科制度，立大小学堂，皆经一再审定，筹之至熟，妥议施行。惟是风气尚未大开，论说莫衷一是，或狃于老成忧国，以为旧章必应墨守，新法必当摈除，众喙哓哓，空言无补。试问时局如此，国势如此，若仍以不练之兵，有限之饷，士无实学，工无良师，强弱相形，贫富悬绝，岂真能制梃击以挞坚甲利兵乎?! 朕惟国是不定，则号令不行，极其流弊，必至门户纷争，互相水火，徒蹈宋明积习，于国政毫无裨益。即以中国大经大法而论，五帝三王，不相沿袭；譬之冬裘夏葛，势不两存。用特明白宣示：中外大小诸臣自王公以及士庶，各宜努力向上，发愤为雄，以圣贤义理之学植其根本，又须博采西学之切于时务者实力讲求，以救空疏迂谬之弊，专心致志，精益求精，毋徒袭其皮毛，毋竞腾其口说，务求化无用为有用，以成通经济变之才。

翁同龢认为变法的根本在培育人才，人才之兴，首在办教育，开办新式学堂。所以，他在国是诏中又写道：

京师大学堂为各行省之倡，尤应首先举办。著军机大臣、总理各国事务王大臣会同妥速议奏。所有翰林院编检、各部院司员、各衙门侍卫、候补候选道府州县以下各官、大员子弟、八旗世职、各武职后裔，其愿入学堂者，均准入学肄业，以期人才辈出，共济时艰，不得敷衍因循，徇私援引，致负朝廷谆谆告诫之至意。将此通谕知之。

国是诏以变法为号令，以西学为臣民之讲求，著为国是，正式把学习西方、推行新政作为国策。它的颁布给维新志士、帝党官僚以极大的鼓舞。他们纷纷条陈上奏，为维新变法出谋献策。康有为、梁启超共同合拟，请徐致靖以个人名义代奏，向光绪帝进呈了《国是既定，用人宜先，谨保维新救世之才，请特旨破格委任折》，奏请光绪帝开办懋勤殿，并举荐康有为、梁启超、谭嗣同、黄遵宪等备充顾问官，协助光绪帝开展变法。御史宋伯鲁也呈递了《请明赏罚以推行新政折》。光绪帝采纳了这些意见和建议，先后颁发了一道道新政谕旨，同时任命谭嗣同、杨锐、林旭、刘光第为军机处章京，参与新政。自光绪帝颁布国是诏，正式宣布维新变法开始后，以慈禧太后为首的顽固守旧势力随即也加紧开展反变法的活动。为了阻止变法开展，他们首先把矛头指向翁同龢。先后指使于荫霖、王鹏运、文悌上奏，弹劾翁同龢"误国无状"，"结党乱政"，"狂悖揽权"。王氏在奏折中还像煞有介事地诬陷翁同龢在筹措对日赔款中，与户部侍郎张荫桓"朋谋纳贿，狼狈相依"。御史胡孚宸奏参翁同龢与张荫桓在《中俄密约》交涉谈判中，得贿二百六十两，两人平分。翁同龢为官四十余年，任户部尚书十余年，经手银钱无数，居官清正，廉介自持。正如有学者说的那样："清末高官显贵差不多人人有钱，除非是翁同龢这样不事苞苴的廉介之士，然而这样的人却又实在太少。"所谓在《中俄密约》交涉谈判中，与张荫桓受贿平分，根据俄国《红档》的资料，实际是张氏与李鸿章受贿平分。守旧官僚这样做的目的是丑化翁同龢在人们心目中的形象，动摇人们对翁氏的尊崇，进而达到打倒他的目的。翁同龢因主张和支持光绪帝发动维新变法而遭遇政治上的严冬，面临慈禧太后的残酷打击。

开缺回籍

就在国是诏颁布的第三天，四月二十七日，翁同龢突奉谕旨，被下令开缺回籍。是日清晨，京郊细雨蒙蒙，微有寒意。翁同龢与其他军机大臣在颐和园军机公所值房听宣，只见值班太监传呼大臣至仁寿殿进见，着翁同龢勿入。翁同龢不觉心头一怔，凭着数十年的政治经验，预感将有某种不测的事情降临到他的头上。果然不出所料，约莫三刻钟的光景，军机大臣、御前大臣先后退朝，当值太监出来传翁同龢听旨，翁同龢连忙跪下聆听：

谕：协办大学士翁同龢近来办事多不允协，以致
众论不服，屡经有人参奏，且每于召对时咨询事件任

意可否，喜怒见形于词色，渐露揽权狂悖之狀，断难胜任枢机之任，本应察明究办，予以重惩，姑念其毓庆宫行走有年，不忍遽加严谴，翁同龢著即开缺回籍，以示保全。钦此。

翁同龢的开缺、被逐，是晚清朝局发生的一件大事，一时震惊朝野，人们对其开缺原因，众说纷纭，以致百年后的今天对之仍然莫衷一是。一说是完全出自慈禧太后的旨意，强迫光绪帝下令将其开缺的。慈禧太后因翁同龢在甲午年奏请停止其六旬万寿庆典活动和拒绝拨银百万两修缮玉澜堂和搭建颐和园彩棚等，对他大为愤懑，早就想将其逐出政坛。二说是他的开缺虽出自慈禧太后的旨意，但光绪帝也是同意了的。在开缺前，翁同龢对康有为的学术思想多有保留，认为康氏不过是一位"说经家之野狐禅"，所以，当光绪帝要翁同龢传谕康有为进呈其有关变法著作，翁同龢拒不受命，甚至说康氏"居心叵测"，结果引起光绪帝对他强烈不满。太后既要他去，光绪帝认为与其君臣意见不合，不如也就让他回籍，所以也就同意了。三说是光绪帝自己下令将其开缺的，原因就是上面讲的，君臣在一些问题上既然意见不合，而翁同龢又是多年的老师，留在身边也实有不便，"不忍遽加严谴"，不如下令让其回籍。四说是奕䜣临终遗言所致。据说，奕䜣弥留之际，光绪帝请问其有关人事安排时，力称翁同龢"居心叵测"，不可重用。奕䜣甚至指责翁氏甲午主战是"聚九州之铁，铸之大错"。奕䜣的这一态度直接影响了光绪帝对翁同龢的去留。五说是荣禄、刚毅进言陷害的结果。荣氏与翁氏是结拜弟兄，但彼此结怨甚深。荣氏与军机大臣沈桂芬有矛盾，借故密奏沈氏种种不是，结果沈氏外放山西巡抚，据荣氏说他曾将此事告诉过翁氏，翁氏与沈氏为江苏同乡，于是策划报复，密告荣禄与同治帝某妃通奸，结果害得荣禄外放西安将军，十年不得回京。荣氏衔恨已久，指翁氏"卖友"，伺机报复。刚毅是翁同龢任刑部尚书时的下属，是翁同龢一手提拔起来的。但刚氏文墨很浅，翁同龢一直瞧不起他。刚氏进入军机后，翁同龢对其训斥有加，刚氏对其不满，郁之已久。四月二十七日，正好是翁氏生日，荣氏、刚氏遂借这一天奏劾之，以此对翁同龢加以羞辱。六说是刚毅与太监总管李莲英合谋的结果。理由是皇帝与太后有矛盾，翁同龢站在光绪帝一边，留他对太后无利，于是合谋将其赶走。从翁同龢四十年日记内容来看，翁同龢与李莲英并无矛盾冲突，因此，此一说法属于推理，难以成立。此外，还有说是翁同龢平昔结怨太多所致，也有说是翁同龢自己求去的，理由是自甲午战争后他就想辞官，看到许多官吏对他不满，不如自行求去，留有体面。也有个别研究者说是康有为所为，理由是康有为需要激进的改革，而翁同龢太稳重了，"不去此老，变法难以深入"，但此说也与当时的史实不合，光绪帝召见康有为是在翁氏开缺之后，其时翁同龢已不可能压制康有为了。

综述上面种种说法，直接造成翁同龢的开缺，慈禧太后和光绪帝的态度是主要的，而帝、后两人中，太后的态度又是关键。因为纵即光绪帝想要将翁同龢开缺回籍，如果太后不同意，光绪帝也不敢颁谕。自甲午年，翁同龢就已失宠于慈禧太后。所以，他的开缺完全是慈禧太后安排决定的。有史书说，当光绪帝见到罢斥翁同龢的诏书时，惊得话也说不出来。宣诏的当天，光绪帝仍令太监给翁同龢送去赐给军机大臣端午节的礼物，翁同龢告之太监，自己已出军机，太监传谕"奉皇上旨意仍赏"。面对赐物，翁同龢不禁老泪纵横。有说翁同龢开缺后，光绪帝在宫中神思恍惚，以至"三日不食"。可见，翁同龢的开缺并不是光绪帝的决定。

此事显然是维新变法的一个重大损失。康有为把自己与翁同龢的关系比作汉朝韩信与萧何的关系，及见翁同龢被逐，态度甚为灰冷，对维新变法已失去信心，于是决意南归。翁同龢得知后，再一次前往粤东会馆，劝康氏留下，辅佐皇帝变法。对于翁同龢的来访，康有为大为感动，并对翁氏因支持变法竟遭革逐深感不安和歉疚。

同年五月十三日，翁同龢从京师马家铺火车站（地近光明日报社，今已拆除）坐火车离京前往天津塘沽，换乘海轮，南归故里。离京这一天，前往送行的门生故旧，多达五百多人。车站广场"车马阗咽，有痛哭流涕者，有歔欷扼腕者"。国子监生、湖南人夏某代表全体在监生员挥泪为翁氏送行，说："吾为天下，非为公也。"面对如此众多的送行人，翁同龢着力克制自己激动的情绪，他坦然地说："人臣黜陟皆属天恩，吾进退裕如，所恨者不能复见皇上耳。"直到此时，翁犹无限眷恋着光绪帝。

第 10 章

庐墓虞山

翁同龢开缺回籍后，正好遇上常熟西乡发生抢粮事件，他亲自出面，组织平粜，一手出面了结了这起事件。回籍第三个月，戊戌政变发生，他再遭严谴，革职永不叙用，并交地方编管。此后他移居虞山瓶隐庐，遁迹人世，直至去世。宣统改元，他被开复处分，因支持戊戌变法而遭禁锢一案得以平反昭雪。

平息西乡抢粮事件

翁同龢回到常熟时，正好遇上西乡发生抢粮事件。是年常熟、昭文发生了百年未有的奇旱，烈日如蒸，田地龟裂，禾苗枯死。但地主豪绅不顾农民的死活，仍旧强迫缴纳田赋"补粮"和漕米。在征收的过程中，不法绅商和地主还趁机上下其手，大斗进，筛子筛，搜刮无余。许多农民在缴租之后便成了饥户。农民不堪凌逼，遂起而抗争，拒缴税租，抢劫大户，其中以濒江临海、贫瘠的西北乡最为激烈。抢粮事件发生后，常、昭两县急调淞沪水师营前来弹压，将抢粮农民关押、夹枷、拷打，无所不用其极，情形极为惨烈。

翁同龢对于地主豪绅利用灾歉，大肆盘剥农民的做法很不赞同。他深知这次西乡农民抢粮，"民本非乱民，实乃饥馑所迫"。他找来部分熟悉的在籍官绅严心田、叶茂如、赵宗建、俞钟銮等人，向他们了解事情的真相并得知城内多饥户后，立即坐轿前往常、昭两县衙署，找到两县令，要他们切不可将饥民当乱民，不可逮杀诛戮无辜。又找到在籍养病的两江总督行辕衙门的文案陆懋宗，要陆氏持他的亲笔信函前往苏州、江宁，请江苏巡抚奎俊、两江总督刘坤一"设法平粜，拨米急赈"。奎俊，字乐峰，满洲正白旗人，是翁同龢任工部尚书时的属吏，是翁同龢一手保举外任的，对翁同龢一向敬重。刘坤一与翁同龢平日过从甚密。在得知翁同龢开缺后，十分关心，特地派其侄儿前来常熟慰问。所以，当奎、刘接到翁同龢的亲笔函后，立即复函，表示一定禀遵照办，同意拨米三千石。鉴于平粜米一时难以运到，奎俊令常、昭两县先就仓廒存米提拨碾放。翁同龢得到奎、刘的复信后，马上致函常、昭两县，请暂停催科，释放被捕无辜贫民饥户，先行开仓碾谷，发放赈饥。

常、昭两县令担心饥民闹事，主张将平粜一事交当地米行承办。翁同龢力持不可，认为米行老板多为牟利商人，不可将此事交给他们去办。又虑抢粮事件再度发生，他提议由清正廉明官绅严心田等人主持，传令地保，查户造册，在城内四门、城外六处，设立平粜局，开仓散赈。由于他的奔走努力，抢粮事件迅速平息下来，先后赈济贫民二千余户，饥民二万余人。

平粜后，归款一时无着，翁同龢又率先捐银五百两，在他的带动下，部分在籍官绅也相继捐款。无如款巨，一时难集，又经两县令请求，他再次出面致函奎俊，请其将平粜米暂缓归款，奎俊复函表示同意。为了家乡救灾，他尽了自己最大的努力。

再遭严谴

翁同龢开缺后，维新变法仍在进行。他开缺次日，光绪帝突破守旧势力的重重阻挠，在颐和园勤政殿召见了康有为，就变法问题同康有为交换了意见，任命康有为在总理各国事务衙门章京上行走，允许康有为专折奏事，任何人不得阻拦。不久，又召见了梁启超、谭嗣同等维新志士，颁布了一道道新政谕旨，宣布废八股，兴学校，裁并旧衙门和一系列奖励工商、发展资本的诏书。然而为时未久，慈禧太后及荣禄等立即进行反扑。八月初，慈禧太后发动政变，重新临朝训政，幽禁光绪帝于瀛台，诛杀谭嗣同、林旭、杨深秀、杨锐、刘光第、康广仁等"六君子"，通缉捉拿康有为、梁启超等人，宣布尽罢新政。

在围剿清洗维新志士和帝党官僚的活动中，慈禧太后及荣禄、刚毅一伙也没有放过翁同龢。戊戌政变的当天，刚毅就奏言：翁同龢曾面保康有为，谓其"才胜臣百倍，请举国以听"，此人不严惩，何以服牵连获咎诸臣。九月初七（10月21日），慈禧太后颁谕，下令将翁同龢革职，永不叙用，并交地方官严加管束。懿旨罗列了翁同龢的一大堆"罪名"，说他：授读以来，辅导无方，从未以经史大义，剀切敷陈，但以怡情适性之书画古玩等物，不时陈说。往往巧借事端，刺探朕意。自甲午年中日之役，主战主和，甚至议及迁避，信口侈陈，任意恣肆。办理诸务，种种乖谬，以致不可收拾。今春力陈变法，密保康有为，谓其才胜伊百倍，意在举国以听。朕以时局艰难，亟图自强，于变法一事，不惮屈己以从，乃康有为乘变法之际，阴行其悖逆之谋，是翁同龢滥保非人，已属罪无可逭。其余陈奏重大事件，朕间有驳诘，翁同龢辄怫然不悦，恫喝要挟，无所不至，词色甚为狂悖，其跋扈情形，事后追维，殊堪痛恨。前令其开缺回籍，实不足以蔽辜。翁同龢着即革职，永不叙用，交地方官严加管束，不准滋生事端，以为大臣居心险诈者戒。

懿旨将翁氏一生的政治业绩几乎全部否定了。翁同龢对懿旨中开列的"罪名"表示不服。他说：自省所以靖献吾君者皆尧舜之道，并非无聊之辞。书房值讲四十余年，一年四季，无间寒暑，未尝一日请假休息过。朝夕纳诲，于列祖列宗庭训格言，乃至古今治乱、兴衰得失利弊，不时反复陈说，至于调和宫廷是非矛盾，劝导皇上，以孝为本。皇上亲政后，谆谆教以优勤为先务。又曾书写《夙兴夜寐箴》，让皇上带回宫中时加省览，并绘制沿海地图进呈皇上，让皇上不时阅看。至于与议朝政，颇能直抒己见，从不隐瞒自己的看法。为政一生，光明磊落，从无不可告人之处。

就历史而言，懿旨将翁同龢说成是跋扈之臣，未免有违事实。然而仕宦数十年，久居统治集团核心，在处理重大事件中，因意见分歧，难免得罪同僚。金梁在《四朝佚闻》一书中有一段意味深长的话，说：翁同龢"以忠恳结主知，能持大体，亦无愧良相。惜不为众所谅，卒被斥逐"。这一评论颇为中肯，接近事实。

翁同龢深知慈禧太后心狠手辣，不会就这样轻易地放过他。他作了最坏的打算，随时准备自裁。他先在城内周秀林刀剪店买了一把剪刀自备，从常熟城内搬到虞山西麓瓶隐庐内居住后，又在门边挖了一口深井，随时作自裁之用。他在这里远离尘世，过着隐居的生活。

庐墓虞山

翁同龢开缺回籍后，先租借常熟城内方塔下一个张姓人的房子居住。因地近闹市，行动十分不便。革职交地方官管束后，失去了人身自由，"所在编管如囚拘"，从不敢远游一步，生活更加不便。"世若未忘我，虽退身难藏"，何况他是帝师，状元出身。因此，有关他的行踪，一直成为地方上的新闻。上海《新闻报》常常刊登有关他的活动消息，甚至说他在乡下广购古铜镜，收购字画，使他非常恼火。看来，在城中是无法居住了。于是在亲友的帮助下，在虞山西麓翁氏祖坟旁构筑了一所京式院落，起名"瓶隐庐"。"瓶"字源自翁同龢的别号，翁同龢早年自署"瓶生""瓶居士"。"瓶隐庐"前后两进，上下两层。楼上为书房兼卧室，下为客堂。厢房为会客室，他曾在这里接待过前来看望他的门生、故旧，诸如廖寿恒、吴大澂、张謇、汪鸣銮、费屺怀、沈瑜庆、曾朴等人，多次与他们讨论时势、宪政等。他虽身在江湖，而心系朝廷，心中念念不忘皇帝、太后。所以，在院中置有一块石板，作叩头之用。每逢太后、皇帝寿辰或年节，他都要面北而叩。由于革职，已无生活来源，除了典卖一些字画外，又在院外开辟了一片菜地，一年四季种些瓜果蔬菜，又挖了一个池塘，养了几只鸭子，以作生活上的补充。为了便于到城中购买生活日用品和看病，又打制了一条小舟。"瓶隐庐"背依虞山，面临浩浩尚湖。翁同龢在里过着"与鱼鸟相亲"的生活。

翁同龢山居期间，除了看书外，有时也写字、作画。他的书法海内外闻名。康有为说他遍观海内书法，"惟翁尚书叔平"第一。一位化名雪熙的书法评论家则说他的书法"几过苏（轼）、黄（庭坚），纵横豪宕，旗帜一新"，超过诸城（刘墉）、钱沣。他在朝时，上自王公大臣，下至边塞都统、将军，都向他求索。开缺回籍后，求他字的人更多。他因时间充裕，书写的字也多。至今传世字迹多晚年手书。其画为文人画，也颇有功力，但正如梁启超所说的，"惜为书名所淹"传世甚少。

山居期间，书画自遣，消磨时光之余，他还整理了数十年来的日记。翁同龢自咸丰六年状元及第后自书日记，数十年如一日，从未间断。他的日记有每日流水日记，也有专项日记，如主持乡会试的入闱日记，记载洋务活动的洋务小卷，入值军机处的军机处日记，甲午年间的随手记，等等。其日记文字言简意赅，别具一格。由于翁同龢地位特殊，所记内容多关晚清朝局内幕以及清朝的政治、军事、外交、财政、人事交往，因此，史料价值极高。因为日记量大，许多内容需要梳理，仅靠翁同龢一人是不够的，所以，他叫来侄孙们帮他誊抄。又因革职编管，为免招来横祸，有凡涉及戊戌变法的文字，如荐康之类，被加以删削改篡，以致 1925 年商务印书馆涵芬楼以《翁文恭公日记》影印出版后，人们对其日记内容的真伪提出了质疑。但对照史实，日记除了戊戌年间少量文字作了删改外，其记载内容基本是真实可靠的。与赵烈文的《能静居士日记》、李慈铭的《越缦堂日记》同被誉为晚清三大日记。1992 年以后，中华书局出版了日记的标点本。

翁同龢虽住虞山，但无时无刻不关注朝局。可以说他的心情与思虑，随着朝局的变化而变化。光绪二十五年（1899），慈禧太后借口光绪帝病重，企图害死光绪帝，结果因英法医生干预未成。接着拥立溥儁为大阿哥，企图废黜光绪帝。又因国内外反对，废立一事未能马上实现。翁同龢从报端得知这些信息后，常常夜不成寐，紧张得睡梦中"如闻霹雳，夜夜辄惊"。义和团运动发生后，慈禧太后悍然对外宣战，袁昶、许景澄等五大臣因反对开战而被杀，接着八国联军发动侵华战争。慈禧太后挟持光绪帝逃往西安。他从报纸上刊载的邸报上看到这些消息后，一连数十个夜晚未能成寐，"头晕目眩""大为惊惧""惊心动魄""肝肠飞越"，认定大局已不可收拾。当刘坤一、张之洞、盛宣怀与英法等驻沪领事等发起"东南互保"，并派人向他通报情况，他竭力赞成，认为无东南则西北不存，善后问题无法解决。辛丑议和后，他急盼帝后早日回銮，恢复统治。他曾一度萌发奔赴西安之意，然因无人为之先容而作罢论。帝后回銮行至河南开封后，他又想前往迎驾。他致函承办此差的盛宣怀，希望助其成行，盛氏复函以自己力量不够，无法办到，请其原谅。翁同龢以国家处于如此危难之际，自己不能与帝后共分忧患，为国尽力感到"羞愧"。

经义和团运动和八国联军侵华战争，清朝统治已是苟延残喘，度日维艰。为了缓和日益严重的社会矛盾，慈禧太后宣布变法，实行新政，新政是戊戌维新变法的接续，它又一次燃起了翁同龢对国家的希望。希望新政实行后，能解除编管，开复处分。然而"一样课晴量雨意，长官总未及编氓"，一连三年过去了，终不见有一点解除的信息，翁同龢不免有些失望。

光绪三十年五月（1904 年 6 月），在社会舆论的强烈要求下，慈禧太后颁谕宣布：于今年十月万寿庆典，凡戊戌案内革职人员皆开复原官，监禁交地方官管束者概行释放。谕令各部各省"查奏"。当翁同龢得到这一消息后，精神为之振奋。他说："逋臣若得邀此宽典，虽一息尚存，当伏谒君门。"欣喜之余，还拖着病体，硬是泛舟游览了苏州、杭州、萧山。然而，未及等到十月，他终因革职编管，精神备受摧残折磨，病魔缠身，早已精疲力竭。从五月十一日（6月24日）起就一病卧床不起，十天后的五月二十一日就溘然去世了。在行将辞世之际，他满怀悲愤，向守候在身边的家人口占一诀：

> 六十年中事，伤心到盖棺；
>
> 不将两行泪，轻向汝曹弹。

又集《四书》句，自撰挽联一副：

> 朝闻道，夕死可矣；
>
> 今而后，予知免夫。

并口授遗疏，愿皇上"励精图治，驯至富强，四海苍生，永歌圣德"。委托门生张謇代书，并为之呈奏。遗命丧事从简，"身后不得铺张"。是日夜分，这位饱经忧患的晚清政治家带着未尽的改革宏愿，满怀千种孤愤和无穷的哀怨，痛苦地离开人世，享年七十五岁。

根据翁同龢的遗嘱，他的棺柩被安葬在虞山鹁鸽峰下翁氏祖坟西偏方向的一处山地。他的墓除了一抔黄土，别无其他修饰。墓前立着他手书的"清故削籍大臣户部尚书翁同龢之墓"的墓碑，安放着他自撰、张謇手书的挽联。从此，翁同龢长眠于虞山脚下，琴水之边。

光绪三十四年（1908），光绪帝和慈禧太后相继去世。次年，三岁的溥仪即位，改元宣统，由其父载沣监国。四月，经苏常官绅吁请，两江总督端方呈奏，载沣谕准，翁同龢被开复处分。1914 年，已为废帝的溥仪又追谥"文恭"。至此，翁同龢因支持戊戌维新变法被慈禧太后罢官禁毁的冤案才得以彻底昭雪。现在他的墓已被列为江苏省文物保护单位，当年他生活居住过的绿衣堂也列为国家文物保护单位，辟为翁同龢纪念馆，陈列他从政治学、任官为民的事迹，供人们参观瞻仰。

附　录

年　谱

1830 年（道光十年）　　5 月 19 日（四月二十七日）生于北京。

1839 年（道光十九年）　　父亲回籍告养。此后在其父及兄长、姐姐的帮助下学习试帖诗和制艺等。九月，就读县学游文书院。

1845 年（道光二十五年）　　八月，就读苏州府学紫阳书院。

1849 年（道光二十九年）　　随父母到京。寓居宣武门外南横街头条胡同。同年四月与浙江萧山汤金钊孙女汤松（字孟淑）结婚。

1850 年（道光三十年）　　六月，应礼部拔贡试，朝考列一等第五名，复试擢第一。引见后以七品京官用，分发刑部，在江西司上行走。

1852 年（咸丰二年）　　八月，应顺天乡试，中式第二十七名举人。

1856 年（咸丰六年）　　三月，应会试，殿试列一甲第一名，状元及第。授修撰，供职翰林院。

1858 年（咸丰八年）　　八月，任陕甘乡试副考官。九月，授陕甘学政。次年因疾回京，仍供职翰林院。

1861 年（咸丰十一年）　　十一月，慈禧太后与奕䜣发动政变，诛杀载垣、端华、肃顺等，夺得政权。其父被重新起用，以大学士管理工部事务。

1862 年（同治元年）　　正月，其兄翁同书到京。旋因办理寿州绅练仇杀事件不善，被两江总督曾国藩参劾，被逮下狱，判斩监候。同月，父亲奉旨在弘德殿行走，授读同治帝。十一月，父亲去世，以大学士例入祀贤良祠，赐谥"文端"。翁同龢在京守制。

1863 年（同治二年）　四月，侄儿翁曾源会试，殿试一甲第一名，状元及第。叔侄连魁，一时传为佳话。

1865 年（同治四年）　十一月，奉旨在弘德殿行走，授读同治帝。

1866 年（同治五年）　三月，擢翰林院侍讲。奉旨在养心殿给慈安太后、慈禧太后等进讲《治平宝鉴法编》一书，历述历代帝王及皇太后临朝听政的利弊得失。

1869 年（同治八年）　正月，授国子监祭酒。

1871 年（同治十年）　七月，升内阁学士。十二月，母亲去世，回籍丁忧。

1874 年（同治十三年）　四月，入值昭阳殿，指导同治帝写诗作论。八月，与李鸿藻等联衔奏请停修圆明园。十一月，同治帝病危，与潘祖荫等联衔奏请两宫皇太后权理朝政。

1875 年（光绪元年）　正月，奉旨参加勘定同治帝惠陵陵基，并奉派为惠陵承修大臣之一。八月，署理刑部右侍郎。发现浙江杨乃武一案疑窦甚多，奏请驳令重审，由此拉开杨乃武一案复审。由于他的大力坚持，杨乃武冤案最终得以平反昭雪。

1876 年（光绪二年）　正月，奉懿旨入值毓庆宫，授读光绪帝，由此直至光绪二十二年书房裁撤，任光绪帝师长达二十多年之久，对光绪帝成长影响最大。

1878 年（光绪四年）　五月，授都察院左都御史。

1879 年（光绪五年）　正月，授刑部尚书。四月，改任工部尚书。五十寿辰，光绪帝遣使登门祝贺。七月，奉旨参加中日琉球问题交涉。

1880 年（光绪六年）　　五月，奉旨参加办理中俄伊犁问题交涉事宜。

1881 年（光绪七年）　　正月，奉派管理国子监事务，整顿南学和八旗官学。十一月，因办理慈安太后丧礼认真无误，赏加太子少保衔。

1882 年（光绪八年）　　四月，指导光绪帝学习批阅章奏折件。九月，奉旨参加查办云南军费报销舞弊案。十一月，授为军机大臣。

1883 年（光绪九年）　　三月，会商中法越南问题交涉。面对法军进攻，与李鸿藻呼吁派兵出关，援越抗法。支持刘永福黑旗军抗法斗争。

1884 年（光绪十年）　　三月，军机处改组，退出军机处，仍在毓庆宫书房行走。

1886 年（光绪十二年）　　正月，调补户部尚书。二月，与潘祖荫等联衔奏请将黄宗羲、顾炎武从祀京师文庙，遭礼部驳议。六月，奉旨办理京师恢复制钱事。

1887 年（光绪十三年）　　四月，奉派为监修雍和宫大臣。六月，参加筹办光绪帝大婚典礼事宜。八月，与曾纪泽联衔呈奏阻止李鸿章与美商合资开设华美银行。九月，黄河在郑州决口，奉旨筹措堵塞决口经费。旨准停海防事例，另开郑工事例。

1889 年（光绪十五年）　　正月，以国家财政困难，与孙家鼐联衔奏请缓修津通铁路。

1891 年（光绪十七年）　　三月，代表户部拨银一百二十万两，修筑吉林铁路。

1893 年（光绪十九年）　　正月，列名总办慈禧太后六旬万寿庆典大臣之一。六月，顺、直地区暴雨成灾，奉旨办赈。

1894 年（光绪二十年）　　正月，因未能满足内务府太后庆典拨款要求而结怨。四月，奉派会试新贡士复试阅卷大臣和殿试读卷大臣，张謇列一甲第一名，状元及第。六月，奉旨列席军机处会议，参与会商朝鲜事宜。七月，日本挑起中日甲午战争后，力主派兵朝鲜，抗击日本侵略。八月，奉懿旨前往天津向李鸿章传旨，令李氏与俄国公使喀希尼续商中俄共保朝鲜事宜。九月，奏请聘请德国退伍军官汉纳根帮助中国编练新军，此为天津小站练兵之始。同月，督办军务处成立，任会办军务大臣。十月，补授军机大臣。

1895 年（光绪二十一年） 正月，李鸿章赴马关议和。翁同龢力持"若能办到不割地，多偿当努力"，反对割让台湾。二月，拨部银五十万两支援台湾绅民抗日斗争。六月，微服前往粤东会馆访问康有为。康氏回拜，共同讨论变法事宜。六月，兼在总理各国事务衙门大臣上行走，负责办理对日赔款事宜。

1896 年（光绪二十二年） 正月，慈禧太后下令将毓庆宫书房裁撤，授读生涯至此结束。七月，参加军制改革会议，建议裁撤旧军、编练新军。九月，支持盛宣怀的铁路银行活动。

1897 年（光绪二十三年） 八月，授协办大学士。十月，德军强占胶州湾，奉旨办理对德交涉事宜。

1898 年（光绪二十四年） 正月，光绪帝召见王公大臣，询问变法事宜，翁同龢对以"变法需从内政根本变起"。亲拟裁绿营、撤局员、荐人才等变法诏书十二道，交光绪帝施行。同月，参加在总理各国事务衙门对康有为的问话。力赞康有为"才胜臣十倍，请举国以听"，力促光绪帝召见康有为。旨开经济特科，大力赞成。编修黄思永奏开昭信股票筹措对日赔款，翁同龢力赞此举，亲拟股票章程。二月，奉旨派与德国公使签订《胶澳租借条约》。四月，奉旨代拟宣布维新变法的国是诏和开办大学堂章程。同月，奉旨开缺回籍。六月，参与平息常熟西乡抢粮事件。八月，戊戌政变发生。十一月，再遭严谴，革职永不叙用。

1900 年（光绪二十六年）　五月，张謇来虞山，向翁同龢通报"东南互保"情况，翁同龢表示赞同。

1901 年（光绪二十七年）　六月，常、昭两县在籍官绅续修《常昭合志》，受聘为顾问，审看邑志稿。

1904 年（光绪三十年）　七月，在病榻前与张謇讨论立宪事宜，对立宪"投赞成"。同月在籍去世。遗命丧事从简，身后不得铺张。灵柩安葬虞山鹁鸪峰祖坟。流亡瑞士的康有为闻耗后，作哀词十三章，称他为"中国维新第一导师"。

1909 年（宣统元年）　四月，清廷颁谕，翁同龢开复原官。

1914 年　被废帝溥仪追谥"文恭"。

主要著作

1.《翁文恭公日记》，商务印书馆涵芬楼 1925 年影印本。

2.《翁同龢日记》，陈义杰标点本，中华书局 1992 年版。

3.《翁文恭公军机处日记》，商务印书馆涵芬楼 1925 年影印本。

4.《松禅自订年谱》（未刊，翁氏后人藏）。

5.《瓶庐诗稿》，台湾文海出版社 1978 年影印本。

6.《瓶庐丛稿》，台湾文海出版社 1978 年影印本。

7.《翁松禅相国尺牍真迹》，上海有正书局 1925 年影印本。

参考书目

1. 谢俊美：《翁同龢》，上海人民出版社，1987 年。

2. 谢俊美：《翁同龢传》，中华书局，1994 年。

3. 谢俊美：《翁同龢评传》，南京大学，1998 年。

4. 谢俊美：《翁同书传》，华东师范大学出版社，1998 年。

5. 谢俊美：《常熟翁氏》，中国人民大学出版社，1999 年。

6. 谢俊美：《翁同龢集》（上、下册），中华书局，2005 年。

7. 翁心存等：《翁氏家书》（1~24 册），国家图书馆藏，未刊。

8. 翁万戈：《先高祖所遗文件手札》（1~6 卷），翁万戈藏，未刊。